反抗神权的盗火者

中国著名起义与战争

《中国大百科全书》青少年拓展阅读版编委会　编

中国大百科全书出版社

图书在版编目（CIP）数据

反抗神权的盗火者·中国著名起义与战争 /《中国大百科全书》青少
年拓展阅读版编委会编 . —北京：中国大百科全书出版社，2019.9
（中国大百科全书：青少年拓展阅读版）
ISBN 978-7-5202-0602-0

Ⅰ.①反… Ⅱ.①中… Ⅲ.①战争史—中国—青少年读物
Ⅳ.① E29-49

中国版本图书馆 CIP 数据核字（2019）第 208811 号

出 版 人	刘国辉
策划编辑	李默耘　程　园
责任编辑	李默耘
封面设计	WONDERLAND Book design 仙境 QQ:344581934
责任印制	李　鹏
出版发行	中国大百科全书出版社
地　　址	北京阜成门北大街 17 号
邮　　编	100037
网　　址	http://www.ecph.com.cn
电　　话	010-68341984
印　　刷	蠡县天德印务有限公司
开　　本	710 毫米 ×1000 毫米　1/16
字　　数	108 千字
印　　张	9
版　　次	2019 年 9 月第 1 版
印　　次	2020 年 1 月第 1 次印刷
定　　价	36.00 元

本书如有印装质量问题，请与出版社联系调换

序

百科全书（encyclopedia）是概要介绍人类一切门类知识或某一门类知识的工具书。现代百科全书的编纂是西方启蒙运动的先声，但百科全书的现代定义实际上源自人类文明的早期发展方式：注重知识的分类归纳和扩展积累。对知识的分类归纳关乎人类如何认识所处身的世界，所谓"辨其品类""命之以名"，正是人类对日月星辰、草木鸟兽等万事万象基于自我理解的创造性认识，人类从而建立起对应于物质世界的意识世界。而对知识的扩展积累，则体现出在社会的不断发展中人类主体对信息广博性的不竭追求，以及现代科学观念对知识更为深入的秩序性建构。这种广博系统的知识体系，是一个国家和一个时代科学文化高度发展的标志。

中国古代类书众多，但现代意义上的百科全书事业开创于1978年，中国大百科全书出版社的成立即肇基于此。百科社在党中央、国务院的高度重视和支持下，于1993年出版了《中国大百科全书》（第一版）（74卷），这是中国第一套按学科分卷的大百科全书，结束了中国没有自己的百科全书的历史；2009年又推出了《中国大百科全书》（第二版）（32卷），这是中国第一部采用汉语拼音为序、与国际惯例接轨的现代综合性百科全书。两版百科全书用时三十年，先后共有三万多名各学科各领域最具代表性的专家学者参与其中。目前，中国大百科全书出版社继续致力于《中国大百科全书》（第三版）这一数字化时代新型百科全书的编纂工作，努力构建基于信息化技术和互联网，进行知识生产、分发和传播的国家大型公共知识服务平台。

从图书纸质媒介到公共知识平台，这一介质与观念的变化折射出知识在当代的流动性、开放性、分享性，而努力为普通人提供整全清晰的知识脉络和日常应用的资料检索之需，正愈加成为传统百科全书走出图书馆、服务不同层级阅读人群的现实要求与自我期待。

《〈中国大百科全书〉青少年拓展阅读版》正是在这样的期待中应运而生的。本套丛书依据《中国大百科全书》（第一版）及《中国大百科全书》（第二版）内容编选，在强调知识内容权威准确的同时力图实现服务的分众化，为青少年拓展阅读提供一套真正的校园版百科全书。丛书首先参照学校教育中的学科划分确定知识领域，然后在各类知识领域中梳理不同知识脉络作为分册依据，使各册的条目更紧密地结合学校

课程与考纲的设置，并侧重编选对于青少年来说更为基础性和实用性的条目。同时，在条目中插入便于理解的图片资料，增加阅读的丰富性与趣味性；封面装帧也尽量避免传统百科全书"高大上"的严肃面孔，设计更为青少年所喜爱的阅读风格，为百科知识向未来新人的分享与传递创造更多的条件。

百科全书是蔚为壮观、意义深远的国家知识工程，其不仅要体现当代中国学术积累的厚度与知识创新的前沿，更要做好为未来中国培育人才、启迪智慧、普及科学、传承文化、弘扬精神的工作。《〈中国大百科全书〉青少年拓展阅读版》愿做从百科全书大海中取水育苗的"知识搬运工"，为中国少年睿智卓识的迸发尽心竭力。

本书编委会
2019 年 9 月

目 录

陈胜、吴广起义 …………… 001

赤眉、绿林起义 …………… 005

黄巾起义 …………………… 009

六镇起义 …………………… 012

隋末农民起义 ……………… 016

王小波、李顺起义 ………… 020

方腊起义 …………………… 023

钟相、杨么起义 …………… 027

张献忠起义 ………………… 029

李自成起义 ………………… 032

川楚白莲教起义 …………… 038

义和团运动 ………………… 041

辛亥革命 …………………… 050

二次革命 …………………… 064

护国战争 …………………… 066

护法战争 …………………… 067

北伐战争 …………………… 070

南昌起义 …………………… 074

湘赣边界秋收起义 ………… 076

广州起义 …………………… 078

抗日战争 …………………… 081

太原会战 …………………… 091

淞沪会战 …………………… 093

徐州会战 …………………… 095

百团大战 …………………… 098

解放战争 …………………… 105

孟良崮战役 ………………… 113

"二·二八"起义 …………… 115

辽沈战役 …………………… 116

淮海战役 …………………… 122

平津战役 …………………… 128

陈胜、吴广起义

陈胜、吴广领导的秦末农民起义，是中国历史上第一次全国性的农民战争。战国末年，经过多年的兼并战争，诸侯割据的分裂局面被统一的秦王朝所取代。但是，秦始皇在兼并六国后，没有重视与民休息，稳定社会，恢复经济。还在兼并战争过程中，他就让人图写六国的宫殿建筑式样，在咸阳仿造，数达二三百所，又兴建规模宏大的阿房宫和豪华的骊山陵墓。其他如筑长城、修驰道，对匈奴、南越用兵等，虽对巩固全国统一有积极作用，但因旷日持久地耗费大量人力和财力，不仅加重了人民的负担，而且使广大农民无暇从事生产，社会经济生活遭到严重破坏，造成"男子疾耕不足于粮馈，女子纺绩不足于盖形"的局面。与此同时，

秦朝统治者还制定了严刑酷法，人民动辄触犯刑律，罪人、刑徒多至数十万、上百万。而原东方六国的人民所遭受的苦难更为深重。在秦始皇统治的晚年，广大人民的反抗斗争不断发生，六国贵族残余势力也乘机进行反秦活动，秦始皇于二十九年（前218）东游，途经博浪沙（今河南中牟西北）时，遭刺客狙击。三十六年，陨石堕于东郡，又有人在石上镌刻"始皇帝死而地分"的字样，以进行反秦宣传。

秦始皇病死沙丘后，秦二世胡亥即位，他任用赵高，复作阿房宫，尽征材士五万人屯卫咸阳，令教射狗马禽兽，又"更为法律"，厉行督责，用法更为刻深，以至"刑者相半于道，而死人日成积于市"。不少秦始皇的旧臣和秦宗室，由于赵高的诬陷被杀害，统治阶级内部矛盾也日益尖锐。至二世末年，形成了"群臣谏者以为诽谤，大吏持禄取容，黔首振恐"的社会危机。

秦二世元年（公元前209）七月，征发闾左九百人屯戍渔阳，陈胜、吴广为屯长。陈胜（？—公元前208）字涉，阳城（今河南商水西南）人，早年为人佣耕。吴广（？—公元前208）字叔，阳夏（今河南太康）人，也是贫苦农民。他们行至大泽乡（今安徽宿州市东南），为大雨所阻，不能按期到达。按照秦法，过期要杀头。陈胜、吴广便利用"鱼腹丹书""篝火狐鸣"等计策发动戍卒起义，提出"大楚兴，陈胜王"的口号。陈胜鼓动戍卒说："壮士不死即已，死即举大名耳，王侯将相宁有种乎！"于是自立为将军，以吴广为都尉，用秦始皇长子扶苏和楚将项燕的名义号召群众起义。

起义军迅速攻下蕲县（今安徽宿州市南）。陈胜派葛婴率兵东进，同时以主力攻占铚（今安徽宿州市西南）、酂（今河南永城西）、苦（今河南鹿邑东）、柘（今河南柘城北）等县。广大农民"斩木为兵，揭竿为旗"，踊跃参加起义队伍。当义军进据陈县（今河南淮阳）时，已拥有步兵数万，骑兵千余，车六七百辆。陈胜召集当地三老豪杰商议大计，魏国名士张耳、陈余劝他立六国之后，以争取旧贵族的支持，陈胜不听，自立为王，国号"张楚"，任命吴广为假王，率军西击荥阳，命武臣、张耳、陈余北攻赵地，邓宗南征九江，周市夺取魏地。

张楚政权的建立，促进了全国范围内反秦斗争的高涨，各地百姓久苦于秦政，纷纷杀秦长吏，响应陈胜。特别是楚国旧境，数千人为聚的不可胜数。骊山刑徒英布与番阳令吴芮联兵数千人起义。东阳少年杀掉县令，推举陈婴为长，队伍迅速发展到两万人。秦嘉、朱鸡石等人起兵包围郯城。当过秦泗水亭长的刘邦在沛县豪吏萧何、曹参等人拥戴下，杀掉沛令，迅速组成一支二三千人的武装。与此同时，六国贵族的残余势力也纷纷起兵反秦。如齐国贵族后裔田儋击杀狄令，自立为齐王，楚国贵族后裔项梁、项羽叔侄也袭杀会稽守殷通。项梁自立为会稽守，以项羽为裨将，很快聚集了一支八千人的子弟兵。其他如原楚国的贵族房君蔡赐，孔丘的八世孙孔鲋等，也投奔张楚政权。

吴广率领起义军围攻荥阳不下，陈胜另派周文为将军西击秦。周文的队伍在进军咸阳途中，不断扩大，到达函谷关时，已有兵车千辆，战士几十万。起义军进抵距咸阳百来里的戏（今陕西临潼东北），秦二世慌忙令少府章邯把修建骊山墓的数十万刑徒和奴隶编成军队迎战。起义军由于缺乏战斗经验，又孤军深入，接连受挫，周文自杀。

随着反秦斗争的开展，起义军内部的弱点和矛盾也逐步暴露。陈胜滋长了骄傲情绪，听信谗言，诛杀故人，与起义群众的关系日益疏远。派往各地的将领也不听陈胜节制，甚至为争权夺利而互相残杀。如武臣到邯郸，自立为赵王，以陈余为大将军，张耳为丞相。陈胜命他率兵入关支援周文，他却抗命而

派韩广掠取燕地。韩广在燕地旧贵族的怂恿下，也自立为燕王。周市至魏地，立魏国旧贵族宁陵君咎为魏王。围攻荥阳的起义军将领田臧与吴广意见不合，竟假借陈胜之命杀死吴广，结果导致这支起义军的全军覆灭。

章邯解除了起义军对荥阳的包围后，倾全力向陈县猛扑。陈胜亲自督军应战，不幸失利。秦二世二年十二月，陈胜退至下城父（今安徽亳州东南），被叛徒庄贾杀害。陈胜部将吕臣率领苍头军，随即两度收复陈县，并处死庄贾。

陈胜、吴广相继牺牲，使农民起义遭受暂时的挫折，但各地起义军仍继续进行斗争。陈胜部将召平，假借陈胜名义，封项梁为上柱国，命其领兵西向击秦。项梁率军渡过江、淮时，先后与陈婴以及英布、蒲将军率领的起义军汇合，队伍扩大到六七万人。项梁得到陈胜牺牲的消息后，召集各路义军将领在薛县会商，并接受谋士范增建议，立楚国之后为王，以资号召。

随即在民间找得为人牧羊的楚怀王之孙名心的立为王，仍称楚怀王。项梁率领起义军大败秦军于东阿（今山东阳谷东北），又派刘邦、项羽攻下城阳（今山东菏泽东）。刘邦、项羽在濮阳、定陶、雍丘（今河南杞县）等地接连打败秦军，斩秦三川守李由。项梁在取得一系列胜利后，骄傲轻敌，被章邯偷袭以至牺牲。刘邦、项羽和吕臣引兵退守彭城（今江苏徐州）和砀（今安徽砀山南）。

章邯破项梁军后，又移兵击赵，命王离、涉间率兵包围巨鹿。楚怀王派宋义为上将军，项羽为次将，率师救赵。宋义到达安阳后，宴饮高会，留四十六日不进。项羽建议迅速进兵，遭到拒绝，于是杀死宋义，被楚怀王任命为上将军。他随即派遣英布、蒲将军领兵两万先行救赵。随后命全军渡过漳河，破釜沉舟，持三日粮，以示必胜无退的决心。起义军经过九次激战，大败秦军，杀苏角、虏王离。之后，蒲将军和项羽又在漳南和纡水

上再破秦军。章邯见大势已去，又怕被赵高陷害，遂率余众投降。

在项羽率师救赵的同时，楚怀王又命刘邦率领所部西行入关，攻打咸阳。当时秦军主力已开赴赵地，西线空虚，刘邦的军队得以顺利进展。他采纳陈恢的建议，实行招降政策，秦朝的地方官吏纷纷归顺。因此，刘邦迅速攻下武关，直趋关中。秦二世三年八月，赵高胁迫胡亥自杀，立子婴为秦王。子婴谋杀赵高，派兵距守崤关。刘邦绕过崤关，大败秦军于蓝田。公元前206年十月，刘邦的军队进抵灞上，秦王子婴奉皇帝符玺投降，秦朝灭亡。

由陈胜、吴广发动的秦末农民大起义，推翻了秦朝的黑暗统治。在中国历史上第一次显示了封建社会农民阶级的伟大力量。陈胜和吴广虽在起义不久即先后牺牲，但秦朝的灭亡是和他们首倡起义的功绩分不开的。

赤眉、绿林起义

爆发于新莽末年的农民大起义。西汉后期，土地兼并愈演愈烈。大批农民丧失土地，有的成为地主豪强的佃农，更多的则完全被排挤出生产领域，成为辗转沟壑的流民，甚至沦为奴婢。成帝时，因饥馑而死于道路的贫民数以百万计。哀帝即位后，大司马师丹建议限田限奴婢，丞相孔光和大司空何武等为此拟订了方案，但因遭到权贵的反对而作罢。农民的处境日益恶化，谏大夫鲍宣上书说，由于贪官污吏与豪强大姓的残酷剥削和压迫，加上水旱灾害，民"有七亡而无一得"，"有七死而无一生"。成帝时，山东、河南、四川、陕西等地相继爆发农民和铁官徒起义，哀帝元寿二年（公元前 1），长安附近的人民放火焚烧了武帝的陵邑，火光照见未央宫。

由于封建统治动荡不安，统治阶级中一部分人认为汉祚已尽，外戚王莽借机篡汉。王莽为缓和社会危机，实行托古改制。内容主要是：恢复古代的井田制度，禁止土地和奴婢买卖，推行五均六筦，改革币制等等。由于这些措施损害了贵族、官僚、地主的利益，引起了社会经济的大混乱，不仅遭到权贵富人们的反对，也给人民增加了新的困难。加以王莽法禁烦苛，滥用刑罚，又对边境各少数族无理用兵，结果民怨沸腾，社会危机进一步加深。农民反抗斗争此起彼伏。天凤二年（公元 15），五原、代郡农民举行暴动，数千人为群，转入旁郡。两年后，临淮人瓜田仪在会稽长洲起义，吕母在海曲起义，杀海曲县宰。各地分散的农民起义，最后酝酿成大规模的农民战争。

新莽末年的农民大起义在三个地区爆发：在今湖北西北有王匡、王凤领导的绿林军；在今山东东部和江苏北部有樊崇等领导的赤

眉军；在今河北一带则有大小数十支起义队伍，其中最大一支称为"铜马军"。

天凤四年，荆州地区连年饥荒，民不聊生。新市（今湖北京山东北）人王匡、王凤常替人排难解纷，受到饥民拥护，被推举为首领。他们聚集饥民，不时攻击附近乡聚。这支起义军以绿林山为基地，被称为绿林军。地皇二年（公元 21），新莽荆州牧发兵两万人进攻绿林军，绿林军击败莽军，攻拔竟陵（今湖北潜江西北），转攻云杜（今湖北京山）、安陆（今湖北安陆东南）等地，部众增至数万人。次年，绿林山一带发生疫病，起义军分兵转移，一路由王常、成丹率领，西入南郡，称"下江兵"；一路由王匡、王凤、马武率领，北上南阳，称"新市兵"。新市兵进攻随县时，平林人陈牧、廖湛率众响应，又称"平林兵"。

绿林军起义爆发后，一些与新莽政权有矛盾的西汉宗室和地方豪强也纷纷起兵。宗室刘玄投奔平林义军，为安集掾。南阳大地主刘縯、刘秀兄弟为了恢复刘姓统治，联络附近各县地主豪强、部署宗族、宾客，组成一支七八千人的队伍，称为"舂陵军"。舂陵军与新市军、平林军联合，准备进攻宛城（今河南南阳），被王莽军打败，乃与向北折回的下江兵合纵。

绿林军起义的第二年，山东琅琊人樊崇在莒县率领百余人起义，得到青、徐等州饥民响应，逢安、徐宣、谢禄、杨音等率部归附，队伍发展到几万人，活动于青州一带。为在作战时与敌军相区别，他们将眉毛染红，故称"赤眉军"。其基本队伍是贫苦农民。他们随处打击地主豪富，没收财物，没有攻城略地的意图。军中没有文书、旌旗、部曲、号令，仅相互约定："杀人者死，伤人者偿创"，保持着淳朴的作风和良好的纪律。起义军内地位最高的称"三老"，其次称"从事"，再次称"卒史"，这些都是汉朝地方小吏的称号。战士相互之间则称呼"巨人"。

地皇二年，新莽太师羲仲景尚率兵镇压樊崇领导的起义军，结果全军覆没。次年，王莽再派太师王匡、更始将军廉丹率十余万大军前往镇压。莽军到处烧杀抢掠，残害百姓，民间因而流传歌谣说："宁逢赤眉，不逢太师！太师尚可，更始杀我！"赤眉军在成昌（今山东东平东南）大败莽军，追至无盐（今山东东平东），廉丹战死。此后赤眉军活动于今山东、江苏、安徽、河南诸省交界的广大地区，声势日盛。

与此同时，绿林军于公元23年正月重创新莽南阳守将甄阜、梁丘赐所部，随即于淯阳击败严尤、陈茂，进围宛城。起义队伍发展到十几万人，南阳地主集团策划立刘縯为皇帝，遭到大多数农民军将领的抵制。但起义农民也因受"刘氏复起"图谶的影响，拥立比较懦弱的汉宗室刘玄为帝。同年二月，刘玄在宛城南面淯水的沙洲上设坛称帝，恢复汉的国号，建元"更始"。

更始政权建立后，派王凤、王常、刘秀等率兵攻占昆阳（今河南叶县）、定陵（今河南舞阳东北）、郾县（今河南郾城）等地，又派刘縯率兵进攻宛城。王莽发州郡兵四十三万，号称百万，由王邑、王寻率领，企图一举消灭绿林军。莽军南出颍川，前锋约十万人进围昆阳。王凤、王常率义军八九千人坚守昆阳，以待援兵。刘秀、李轶等轻骑突围，从郾、定陵等地召集一万余义军星夜驰援。进抵昆阳时，刘秀率敢死士三千人从城西突袭王邑、王寻的中军大营，杀王寻。昆阳守军也乘机出击，内外夹攻，莽军大溃，王邑与残部数千人逃归洛阳。

莽军主力被歼后，各地纷纷起兵，诛杀新莽官吏，用汉年号，以待更始诏命。新市、平林诸将看到刘縯、刘秀的声名日盛，劝刘玄除掉了刘縯。绿林军随即兵分两路：一路由王匡率领攻洛阳，一路由申屠建、李松率领攻武关。更始元年（公元23）九月，绿林军在各种反莽力量的配合下，顺利攻取长安。

王莽逃至渐台，被商人杜吴砍死，从而结束了新莽政权的统治。十月，刘玄北都洛阳，次年又移都长安。

更始政权进入长安后，各级官吏中有不少人出身于庸客、商贩或膳夫、奴仆。因此当时流传："灶下养，中郎将。烂羊胃，骑都尉。烂羊头，关内侯。"这虽是对农民政权的诬蔑之词，但也反映了更始政权保留着农民军的某些朴素本色。不久，由于刘玄生活腐化，昼夜宴饮，其亲信赵萌专权恣肆，起义军将领因而离心离德，各谋出路。刘玄为了巩固自己的地位，杀害了申屠建、陈牧、成丹等起义将领。王匡、张卬等率众归附赤眉。

当刘玄进据洛阳时，赤眉军正在颍川、濮阳一带活动。樊崇曾前往洛阳联络，但刘玄不愿与赤眉军合作，只许以空头官爵。随后赤眉军兵分两路：一路由樊崇、逢安率领，攻拔长社（今河南长葛东北），南击宛城；另一路由徐宣、谢禄率领，拔阳翟（今河南禹州市），进军梁县（今河南汝州市）。樊崇等人认为部众东向必散，决定西攻长安。公元24年冬，樊崇、逢安等由武关进发，徐宣、杨禄等由陆浑关进发。次年正月，两路大军会师弘农后，继续攻向长安。进至华阴时，立十五岁的西汉宗室刘盆子为帝；随即顺利攻占长安，刘玄投降，不久被绞死。由于关中豪强地主隐匿粮食，组织武装，坚壁顽抗，赤眉军在粮食断绝的情况下，不得不退出长安，进入安定、北地一带。又因隗嚣等地主武装的袭击和大雪阻碍，被迫折回长安，引众东归，因而与刘秀的东汉政权发生了激烈的对抗。

刘秀在刘縯被杀后，受刘玄派遣去安抚黄河以北地区。他得到信都、上谷、渔阳等地的地主官僚集团的支持，消灭了盘踞邯郸称帝的王郎，并镇压和收编了河北地区以铜马为首的农民起义军，壮大了自己的势力。以此，获得了"铜马帝"的称号。公元25年，刘秀称帝于鄗，不久定都洛阳。当赤眉军引兵东归时，刘秀在新安、宜阳屯驻重兵，预先切断了赤眉军的归路。建武三年（公元27）初，赤眉军被冯异打败，折向东南，又在宜阳陷入重兵包围，最后粮尽力竭，被迫投降刘秀。同年夏，樊崇、逢安再次起义，旋即被镇压。

黄巾起义

中国东汉末年张角领导的一次有组织、有准备的全国性农民起义。因起义军头戴黄巾为标志，史称"黄巾起义"。

东汉后期，外戚、宦官轮流当政，政治腐败，豪强势力日益扩张。汉灵帝刘宏公然在西园卖官鬻爵，官吏到任后，就横征暴敛。沉重的赋役、连年的战争和各种天灾人祸，使愈来愈多的农民四处流亡。

广大农民走投无路，被迫奋起反抗。从安帝到灵帝的80余年，见于记载的大小农民起义近百次。其中，如安帝时青州张伯路领导的流民起义，波及沿海九郡；顺帝时广陵张婴领导的起义军一万多人，活动于徐、扬一带达十几年；桓帝时泰山公孙举领导起义军，在青、兖、徐三州作战，给官军以沉重打击；在南方和西北，还出现了汉族和少数民族的联合起义。农民的反抗斗争此伏彼起，越来越激烈。黄巾起义正是在此基础上爆发的。

黄巾起义的领袖张角，冀州巨鹿（今河北平乡西南）人，太平道的首领，自称"大贤良师"。太平道为道教一支，奉黄帝、老子为教祖。张角以传道和治病为名，在民间宣扬教义，进行秘密活动。十余年间，徒众达十几万，遍布青、徐、幽、冀、荆、扬、兖、豫八州。张角把徒众分为36方，大方万余人，小方六七千，每方设一渠帅，由他统一指挥；并传播"苍天已死，黄天当立，岁在甲子，天下大吉"的谶语，鼓舞农民起来推翻

东汉王朝的统治；又在各处府署门上用白土涂写"甲子"字样，作为发动起义的信号。太平道大方马元义多次往来京师，物色宦官封胥、徐奉等为内应。中平元年（184年，甲子年）初，张角命令马元义调动荆、扬等地徒众数万人向邺集中，约定三月五日各地同时起义。但预定起事前一月，张角弟子唐周上书告密，马元义被捕，惨遭车裂。洛阳百姓和太平道徒被杀的达千余人。灵帝随即下令冀州官府搜捕张角等起义领袖。张角派人迅速通知各方提前起义。旬日之间，天下响应，众达数十万人。张角自称"天公将军"，弟张宝称"地公将军"，张梁称"人公将军"。灵帝慌忙下令州郡修理兵器、甲仗，加固城防；派何进率左右羽林和五校尉营镇守洛阳，在洛阳周围各要塞设重

记有黄巾起义史实的东汉《曹全碑》拓片（明万历年间陕西郃阳出土）

兵驻守；又派遣皇甫嵩、朱儁、卢植等调集各地精兵，进剿黄巾军；并解除党锢，赦免党人，缓和统治集团内部矛盾。各地豪强也纷纷起兵，配合官军镇压起义，其中著名的有袁绍、袁术、公孙瓒、曹操、孙坚、刘备等。

黄巾军人数众多，声势浩大，因而被官府诬称为"蚁贼"。起义初期，黄巾军的主力分散在巨鹿、颍川、南阳等地，他们各自为战，攻城夺邑、焚烧官府，扫荡豪强地主坞堡，取得了很大胜利。张曼成率领的南阳黄巾军攻克郡城，杀太守褚贡。波才率领的颍川黄巾军打败右中郎将朱儁，并将左中郎将皇甫嵩围困在长社（今河南长葛东北）。汝南黄巾军打败太守赵谦。广阳黄巾军杀幽州刺史郭勋和太守刘卫。巨鹿附近的农民俘虏了安平王刘续和甘陵王刘忠。张角率领冀州黄巾军攻下广宗（今河北广宗县），北中郎将卢植引兵反扑，未能得逞。灵帝改派东中郎将董卓进攻张角，同样遭到失败。与此同时，在黄巾军的鼓舞下，各地还出现了许多独立的农民武装，他们有的打着黄巾军的旗帜，有的自立名号。如汉中五斗米道首领巴郡人张脩领导的起义，被官府诬称为"米贼"。在冀州一带，分散的农民军更是不可胜数。先零羌、湟中义从胡、武陵蛮、板楯蛮等少数民族也纷纷起义，同汉族人民共同汇合成反抗黑暗统治的洪流。

东汉王朝为了确保京城洛阳的安全，首先进攻颍川黄巾军。波才领导的黄巾军因缺乏作战经验，依草结营，被皇甫嵩乘夜纵火偷袭，曹操、朱儁又协同进攻，使数万起义农民惨遭屠杀。陈国、汝南和东郡的黄巾军也相继失败。之后朱儁领兵进攻南阳黄巾军，双方争夺宛城，数易其手，战斗十分激烈。宛城失守后，突围的黄巾军向精山（今河南南阳北）转移，被官军追击，大部被杀。冀州黄巾军在张角病死后，由张梁统率固守广宗。当年十月，皇甫嵩率官军偷袭黄巾军军营，张梁阵亡。三万多黄

巾军惨遭杀害，五万多人壮烈投河而死，张角被剖棺戮尸。张宝也兵败下曲阳而阵亡，十余万黄巾军被杀害。

张角为首的黄巾军主力被镇压之后，黄巾军余部和各地的农民武装，仍然坚持斗争。青州黄巾军一度发展到拥众百万，长期在青、徐、兖、冀四州流动作战。济南黄巾军一直坚持到建安十二年（207），还攻杀了济南王刘赟。冀州有博陵张牛角，常山褚飞燕（张燕）等众多起义队伍。

黄巾起义以及在它影响下的各族人民起义，从灵帝中平元年到献帝建安中叶，持续了20多年。与以往不同的是，黄巾起义事先经过长期准备，组织比较严密，且公开宣布要推翻东汉王朝，建立农民自己的政权。在农民起义的沉重打击下，腐朽的东汉王朝名存实亡。

六镇起义

中国北魏末年北方边镇人民的反魏起义。北魏前期定都在平城（今山西大同）。当时塞北柔然强大，塞内分布着高车（即敕勒）和山胡。从皇始至延和年间（396—434），北魏先后自东而西设怀荒、柔玄、抚冥、武川、怀朔、沃野等军镇，史称"北镇或六镇"（孝文帝末年，又于怀荒镇东即今河北赤城西北增置御夷镇，实为七镇），外御柔然，内制高车、山胡，拱卫京都。

北镇不设州郡，以镇、戍领民，号为镇民，地位较高。随着北魏疆域的扩大，强制汉族及其他族的大族豪强、部落酋帅徙边。文成帝以后，又不断发配囚犯戍边，镇民地位日益下降。孝文帝迁都洛阳后，政治、经济中心南移，北镇失去军事上的重要地位。进入中原的包括拓跋在内的各族贵族加速汉化及封建化，而北镇仍然保持着鲜卑化倾向，镇民被称为"府户"，属于军府，世袭为兵，不准迁移。

北魏后期，北镇镇民中贫富分化加剧。军镇的统治者主将、参僚和豪强等因仕途受阻而对北魏政府不满。被统治的广大镇民遭受欺凌奴役，土地被剥夺，承担着繁重的官、私力役，还被洛阳政府视为"北人"，受到歧视。

北镇镇民中不少人来自高车、山胡，他们与居住塞内的本族人保持联系。山胡久居汾西和陕北，列入编户者承担着租调徭役，不属州郡者仍由酋帅管辖，北魏政府常在他们中强征兵丁，有时强行迁徙。高车分为东西两部，一直保留部落组织，居住在六镇边塞一带，对北魏政府承担兵役和贡纳义务。北魏政府委任山胡、高车酋长为领民酋长或其他官职，统治未列入编户的本族人民。在改镇为州的地方，酋豪成为地方大姓，受公府、州郡辟

举。所以他们和洛阳政府既存在矛盾，又有利益上的一致。

正光四年（523），怀荒镇民忿镇将不发粮廪，起兵谋反。不久，沃野镇民破六韩拔陵聚众杀镇将，攻占沃野镇，改元真王。遂率义众南下，又遣别帅卫可孤围武川，攻怀朔。怀朔镇将杨钧擢武川豪强贺拔度拔及诸子允、胜、岳为统军、军主，率众顽抗。五年三月，魏遣元彧镇压拔陵。卫可孤克武川、怀朔，俘度拔父子。五月，拔陵破元彧于五原。魏以李崇代元彧为北讨大都督，崔暹、元渊为副将。七月，拔陵大败崔暹于白道，李崇退守云中。八月，东西两部高车叛魏附拔陵，义军大盛。孝明帝下诏改镇为州，以求安抚。秀容人乞伏莫于攻杀郡守，南秀容牧子万于乞真杀太仆卿，俱反，不久为秀容契胡酋长尔朱荣镇压。十月，李崇免官，元渊代总戎政。贺拔度拔父子及武川宇文肱等纠合乡里豪强，袭杀卫可孤。孝昌元年（525）初，柔然主阿那瓌率十万众，自武川西

向沃野，为魏镇压拔陵。六月，拔陵围元渊于五原，渊北走朔州（原怀朔镇），云州刺史费穆弃云中投尔朱荣于秀容。元渊遣于谨说降已经起义的西部高车酋长乜列河重新归附；阿那瓌败拔陵于五原，拔陵被迫南下，在阿那瓌和元渊的夹击下，义军二十万为元渊所截降。北魏政府分徙降户于冀（今属河北）、定（今河北定州）、瀛（今河北河间）三州就食。

同年八月，起义再度爆发于河北地区。柔玄镇兵杜洛周（一作吐斤洛周）聚北镇流民反于上谷（今北京延庆），年号仍用真王。率师西上，围燕州（今河北涿鹿）。十二月，洛周至黄瓜堆，击败降魏高车酋长斛律金。孝昌二年，洛周攻破扼守军都、居庸两关的魏军，南下幽州。十一月，范阳城民执幽州刺史王延年及行台常景以应义军，洛周据有燕、幽。

杜洛周上谷起义的第二年，原怀朔镇兵鲜于修礼等率北镇流民反于定州的左人城（今河北唐县西），改元鲁兴，率师赴中山（今河北定州）。魏以杨津为定州刺史、行台，守中山；又遣长孙稚偕河间王元琛率军来援。四月，修礼大败长孙稚等。五月，魏又以元渊为大都督，督元融、裴衍来援。八月，内奸元洪业杀害修礼，修礼部将葛荣带领义众坚持斗争。九月，葛荣趋瀛州，击败魏左军都督元融，又俘杀元渊，义众大振，葛荣遂自称天子，建国号齐，改元广安。

鲜于修礼起兵左人城后，恒州、朔州流民纷起响应。二月，西部高车斛律洛阳起于桑乾西，与费也头牧子相连；四月，朔州城民鲜于阿胡据城反。斛律洛阳和费也头牧子被尔朱荣镇压，阿胡率流民南下，七月，攻克平城。尔朱荣袭魏肆州，杀刺史，得贺拔胜。荣乘魏军失利，积极网罗北镇酋帅、豪强，以贺拔岳、胜为别将，兵力日盛。

孝昌三年正月，葛荣败赵郡豪强李元忠，克殷州（今河北隆尧东），进围冀州。七月，相州刺史元鉴据邺叛魏降葛荣。八月，魏遣源子邕、裴衍等攻邺，斩元鉴；又遣子邕、裴衍逼葛荣。十一月，葛荣克信都，俘冀州刺史魏宗室元老元孚及当州豪强潘绍等五百余人。十二月，败源子邕、裴衍等，进围邺城。武泰元年（528）正月，定州长史李裔以中山降，俘刺史杨津；瀛州刺史元宁以城降。葛荣克冀、定、瀛三州，据守鄚城的河间大族邢杲和割据勃海的豪强高乾，各率部曲乡里十余万户南逃。二月，葛荣杀杜洛周，并其部众。三月，克沧州。至此，葛荣拥有燕、幽、冀、定、瀛、殷、沧七州之地，南围邺城，西逼并、肆，兵力极盛。

葛荣义军发展的同时，尔朱荣势力也急剧扩大，高欢、段荣、尉景、蔡俊等怀朔豪强先后投奔秀容。尔朱荣器重高欢，常参军谋。并州刺史元天穆与尔朱荣勾结，劝其袭取洛阳。武泰元年三月，尔朱荣以胡太后鸩杀孝明帝为借口，自晋阳出兵向洛阳，至河阴。四月，

立元子攸为帝，沉太后于河，杀朝臣两千余人。尔朱荣为首的北镇豪强、酋帅集团控制了北魏政权。

七月，葛荣围邺，众号百万。九月，尔朱荣率精骑出滏口（今河北磁县西北），与义军展开会战，葛荣轻敌，尔朱荣出奇兵，表里合击，葛荣兵败被俘。义众星散，为契胡分头押领。十月，葛荣被杀于洛阳。

十二月，葛荣余部韩楼据蓟城反，尔朱荣以贺拔胜为大都督，屯中山以备韩楼。永安二年（529）九月，尔朱荣遣侯渊率兵镇压韩楼，韩楼弃蓟城出走，后被俘杀，六镇起义至此失败。

自正光四年怀荒镇民暴动，至永安二年韩楼被镇压，六镇镇民、流民坚持武装斗争达6年。义军在葛荣领导的后期号称百万，据河北七州，是魏末最大的一支起义武装。

早在六镇起义之初（正光五年），关陇地区的氐、羌、胡各族人民也举兵响应。高平镇（今宁夏

固原）胡琛、秦及南秦州（今甘肃东南部）羌人莫折大提起兵，实力较强。大提及子念生的势力发展迅速，曾北抵高平，西至枹罕、姑臧，东下岐州，南达东益。念生受挫后，与胡琛合并，后归万俟丑奴统帅。这支以镇民、城民为主力的山胡、羌、氐联合义军，东下秦陇，克豳、夏、泾、岐、北华等州，并一度攻占潼关，声援葛荣，最后于普泰元年（531）失败。

隋末农民起义

7世纪初推翻隋朝统治的农民大起义。隋朝末年，隋炀帝杨广滥用民力，大兴土木，穷兵黩武，用暴力迫使农民与土地分离，严重摧毁了生产力，社会生产被破坏，阶级矛盾迅速激化。大业五年（609），长白山（今山东章丘东北）

有"狂寇"数万。六年，北方的雁门（今山西代县）和东都洛阳，先后发生暴动。虽不久都被镇压，但却是全国性农民起义的先兆。黄河南北一带，在营建东都、修缮长城、开凿运河的过程中，遭受的祸害最为严重。大业七年，炀帝下令进攻高丽，在全国征兵百余万人向涿郡（今北京）集中，又强征上百万的民夫转运粮械。车牛往者不返，士卒死亡过半，耕稼失时，田畴多荒，给人民带来巨大灾祸，这一带农民纷纷起义反抗。

同年，邹平（今山东邹平北）民王薄聚集农民据长白山起义，自称"知世郎"，作《毋向辽东浪死歌》反对辽东之役，以发动民众。逃避征役的广大农民纷纷参加到王薄起义军中。随后，平原（今山东德州陵城区）刘霸道、鄃县（今山东夏津）张金称、漳南（今河北故城东）孙安祖和窦建德、渤海（今山东阳信西南）高士达、韦城（今河南滑县东南）翟让、章丘（今山东章丘西北）杜伏威等相继起兵。

其余反隋小股武装不可胜数。这一年起义军主要起于今山东、河北、河南间，聚保山林川泽，主力则是逃避征役的贫苦农民。

炀帝无视人民的愤怒与反抗，大业八年悍然发兵攻打高丽，促使起义进一步发展。这一年，见诸史籍记载的新的起义军有二十一支，其中，山东十四支，江淮四支，河南、关中和河西各一支。起义的地区扩大，重点仍在河北、山东。起义的群众基础也扩大了，大多数是贫苦农民，也有牧子（身份不自由的牧民）和下层僧侣。

在起义迅速扩大的同时，隋统治集团内部发生分裂。大业九年，炀帝发动第二次对高丽战争，大贵族杨素之子礼部尚书杨玄感，乘炀帝在辽东之机，联合一批贵族子弟起兵黎阳（今河南浚县北），进逼东都。炀帝与玄感之间的厮杀，抵消了统治阶级的实力，义军乘机发展。到大业十年第三次对高丽战争时，义军处处皆是，道路隔绝，官军已经无法按期集中。

大业十一年以后，隋统治阶级开始把大部分军队用于镇压农民起义军。炀帝还命令在郡县城郭、驿站、村庄的周围修筑城堡，强迫农民到城堡里居住，以隔断义军与民众的联系。统治者对起义军和一般农民进行了疯狂的大屠杀。隋将樊子盖镇压起义军时，将汾水以北村庄全部烧光，俘虏的起义军全部被屠杀。王世充打败江南刘元进起义军时，把诱降来的三万人也全部屠杀。

统治者的残酷镇压迫使更多的农民起来反抗，到大业十二年，先后在全国各地兴起的起义军大小不下百余支，义众达数百万。起义军攻陷许多郡县，消灭大量隋兵。隋炀帝调杨义臣率辽东还兵镇压河北起义军，自率禁军到江都，镇压南下江淮的起义军。在和隋军主力作战的过程中，起义军败而复聚，由分散走向集中，逐步形成了瓦岗军、河北夏军和江淮吴军三支主力。

瓦岗军的创始人是翟让。大业

十二年，曾参与杨玄感反隋的贵族李密也来参加瓦岗军。他说服附近小股起义军聚集到瓦岗军周围。瓦岗军攻破要塞金堤关，打下荥阳（今河南郑州）诸县。炀帝以张须陀为荥阳通守，率兵两万前来镇压。李密说服翟让还击。翟让率兵列阵以待，李密统骁勇常何等游骑千人埋伏于荥阳大海寺北，大败隋军，阵斩张须陀。这是起义军在河南境内的第一次大胜仗，为起义军在中原地区的胜利发展奠定了基础。大业十三年二月，瓦岗军攻破兴洛（后改洛口）仓，开仓赈济饥民。留守东都的越王侗急派刘长恭和裴仁基分兵两路，准备在兴洛仓合击瓦岗军。瓦岗军先击溃了刘长恭所率的两万五千步骑，不久又招降了裴仁基。翟让推李密为瓦岗军首领，号魏公。赵魏以南（今河北中部及南部）、江淮以北的各路起义军皆归瓦岗军，众至数十万，几乎控制了河南全境。瓦岗军成为河北、山东各路起义军的盟主。四月，瓦岗军围迫东都，将二十余万

隋军困于孤城。

在河北地区，大业十二年，张金称、高士达先后被隋军镇压，窦建德收合两部余众，军势复振，很快发展到十余万人。隋在河北地方上的武装力量基本上已被消灭，起义军兵锋所至，隋朝官吏"稍以城降之"。次年正月，窦建德在乐寿县（今河北献县）郊建立政权，自称"长乐王"，署置百官，改元丁丑。

在江淮一带，大业十二年七月，炀帝至江都（今江苏扬州）时，李子通据海陵（今江苏泰州），左才相在淮北，杜伏威屯六合，从三面威胁江都。炀帝遣陈稜率宿卫精兵八千进行讨伐，互有胜负。次年正月，又遣陈稜征讨江淮一带起义军中力量最强大的杜伏威。隋军大败，起义军乘胜攻破高邮（今江苏高邮北），占历阳（今安徽和县），杜伏威自称总管，以辅公祏为长史，很快控制了淮南各县，江淮间小股反隋武装多来归附，形成了江淮间巨大的起义力量。

从大业十三年三、四月瓦岗军

围逼东都开始，以瓦岗军为中坚，以窦建德、杜伏威为两翼的农民起义军，对隋王朝进行了摧毁性的打击。六月，瓦岗军大败隋军，东都危急。七月，炀帝抽调"江淮劲卒"和"燕地精兵"奔赴东都，涿郡留守薛世雄统率燕地精兵三万南下攻瓦岗军，兵至河间（今属河北），营于七里井，准备会合河间诸县兵先行镇压窦建德起义军。窦建德指挥部队从各城中撤出，向南转移，然后乘薛世雄不加防备，选精兵数千人为伏兵，亲率敢死之士两百八十人夜袭。三万隋军溃散。薛世雄带数十骑逃回涿郡。窦建德起义军又重新控制了河北的大部分地区。

八月，瓦岗军占领黎阳仓，开仓赈济饥民，扩大起义队伍数十万人。炀帝又命江都通守王世充统率洛阳附近诸郡兵与东都留守兵共十余万人，在洛水两岸同瓦岗军展开激战。王世充屡战屡败，有些隋将投降李密。这时洛阳城内缺粮，饿死的人很多。河北、山东、河南和江淮流域都被起义军占领，隋的军事力量也大部被起义军消灭，隋王朝直接控制的地方越来越狭小。形势对瓦岗军非常有利。但由于瓦岗军内部矛盾日益加深，李密始终不肯改变在洛阳城下与隋军主力长期鏖战的错误战略，所以没有取得决定性胜利。

在农民起义军从各条战线向隋王朝发起全面进攻的同时，朔方（今陕西白城子）梁师都、马邑（今山西朔州市）刘武周、金城（今甘肃兰州）薛举等地主官僚也纷纷起兵，割据地方。大业十三年五月，隋太原留守李渊也从太原起兵，七月，趁隋军与瓦岗军大战之机，进入关中。十一月，攻克长安。

大业十四年三月，在江都的隋禁军将领利用关中士兵思归的情绪，推宇文化及为主，发动兵变，杀死隋炀帝，领兵西归。五月，李渊在长安即皇帝位，建立唐朝。留守东都的隋越王侗也在洛阳即皇帝位，改元皇泰，史称皇泰主。

炀帝死后，阶级关系发生很大变化。杜伏威上表于洛阳小朝廷，皇泰主拜伏威为东道大总管，封楚王。李密也在宇文化及大军压境的情况下，为了避免腹背受敌，向皇泰主称臣。李密大破宇文化及的军队，但自己的兵力损失也很大，于九月被实际控制东都的王世充乘虚打败，投降李渊。只有窦建德的夏政权在河北仍保持独立。武德四年三月，唐兵进攻洛阳王世充，窦建德亲自统兵十余万援助王世充，和唐军相持于虎牢（今河南荥阳西北）一带。谋士凌敬建议全军渡河，攻占河阳，越过太行山，进军汾水流域，威胁关中，迫唐军从洛阳撤退。建德不听。五月初，李世民袭击得手，夏军溃散，建德被俘。之后，建德留守洺州诸将士或散尽，或降唐。七月，窦建德于长安被杀。夏亡。

窦建德被唐军镇压后，余部在刘黑闼领导下，复于武德四年、五年两次起义于河北，六年被消灭。杜伏威于武德二年降唐，五年入朝长安，以辅公祏留守。唐以杜伏威为太子太保，仍兼行台尚书令，留长安。六年，这支义军又在辅公祏领导下起义反唐，次年三月被消灭。

王小波、李顺起义

北宋前期的一次农民起义。北宋初，川峡地区的土地大多被官僚、豪强、寺观霸占。许多农民沦为客户（包括旁户），客户占主客户总数的比例很大，一户地主往往占有旁户几十家、几百家，乃至上千家。旁户的人身隶属关系很强，数世相承，被视同奴仆，承担繁重的田租和赋役，生活艰难。地主、官僚却奢靡享乐，作威恣暴，纵欲贪攫，残害人民。川峡阶级矛盾极为尖锐。

宋灭后蜀后，几年内把后蜀仓储财物全部运到京师。又以"上供"等方式掠夺布帛，设置博买务垄断布帛的购销，禁止民间交易，使广大农民和手工业者更加贫困。对于川峡盛产的茶叶，宋政府"掊取"茶利，断绝了很多茶农和茶商的生计。这些都加速了阶级矛盾的急剧发展，小股农民起义时有发生。

宋太宗赵炅即位后，川峡天灾频仍，饿殍载道，民不聊生。淳化四年（993），在永康军青城县（今四川都江堰市南）爆发了王小波、李顺起义。

王小波，或作王小幡、王小博，青城县味江人，茶农出身（一说茶贩出身）。淳化四年二月，他聚集群众，发动起义，宣称："吾疾贫富不均，今为汝均之。"旁户纷纷参加起义，很快攻克青城县。接着，直插彭山，惩杀了贪暴恣横的县令齐元振，众至一万余人。此后，转战于邛州（今四川邛崃）、蜀州（今四川崇州），所到之处，令乡里富人大姓，具报其家所有财粟，除留其家用而外，一切调发，分给穷人，得到群众拥护，队伍增

到数万人。十二月，起义军在江原县（今四川崇州市东南）与官军激战，王小波被西川都巡检使张玘射伤，仍奋力杀死张玘，攻克江原。王小波终因伤重牺牲，其妻弟李顺被推为领袖。

李顺率领起义军从江原出发，继续战斗，攻克蜀州。又克邛州，杀死知州、通判等官吏，都巡检使郭允能逃到新津。起义军在新津猛攻官军，打死郭允能，占领新津县。然后分兵两路，一路迂回攻克双流、温江、郫县和永康军（今四川都江堰）；一路由李顺率主力攻成都，在成都西郭门失利，转而攻克汉州（今四川广汉）、彭州（今四川彭州市）。这时起义军已壮大到数十万人。

起义爆发后，宋太宗将知成都府吴元载革职，派郭载代之。郭载与西川转运使樊知古、都巡检使郭延濬等加强成都府的防御；梓、遂十二州都巡检使卢斌也自梓州（今四川三台）率兵赴援。淳化五年正月，起义军猛攻成都，大败官军，

郭载等逃走，卢斌退回梓州。十六日，攻克成都府。

起义军在成都建立大蜀政权，李顺为大蜀王，年号应运，以吴蕴为中书令，计词、吴文赏为枢密使，又派兵四出，攻占州县，北到剑州（今四川剑阁），东到夔峡，控制了川峡大部分地区。秦陇地区赵包等数千人和峡路数千漕卒也准备响应。

宋太宗急令王继恩为西川招安使，统军从剑门入川；又增派雷有终、裴庄、尹元等率兵自湖北入夔门，进行镇压，并一再下诏招抚，命张咏知成都府，伺机入川。王继恩分兵两路，扑向剑州、阆州（今四川苍溪东南）。这时，起义军战线长，兵力分散，又将主力长期围攻梓州，另一部胶着在眉州（今四川眉山）城外。四月，王继恩军破剑州、绵州（今四川绵阳）、阆州、巴州（今四川巴中）；东路官军亦进入夔门，攻战于涪江流域。

王继恩率军猛攻成都。十多万起义军撄城拒守，展开激战。五月

六日，成都失陷，计词、吴文赏等十二名起义军首领被俘，后在凤翔府（今陕西凤翔）就义。李顺于城破时被杀害（一说李顺撤出成都，辗转到广州，三十年后，在广州遇害）。九月，张咏到任，协同王继恩镇压起义军。

成都失陷后，起义军仍在各地战斗，陵州（今四川仁寿）、阆州、蓬州（今四川仪陇东南）、合州（今重庆合川）都有激战。张余率领一万余战士，沿长江东下，连克嘉（今四川乐山）、戎（今四川宜宾东）、泸、渝（今重庆市）、涪（今重庆涪陵）、忠（今重庆忠县）、万（今重庆万县）、开（今重庆开州区）八州和云安军（今四川云阳），队伍扩至十余万人，乘胜攻夔州（今四川奉节白帝城），并派兵攻施州（今湖北恩施）。宋政府增派峡路都大巡检白继赟率精兵入夔门。五月下旬，张余起义军在夔州西津口迎击官军，腹背受敌，失利，两万多战士牺牲，舟船损失千余艘。张余率军西退。十一月，吴

蕴在眉州牺牲。十二月，大蜀政权知嘉州王文操叛降。嘉州失陷，张余被捕，至道元年（995）二月在嘉州就义。至道二年五月，李顺余部王鸬鹚在邛蜀山区称邛南王，攻打邛州、蜀州，不久亦告失败。

王小波、李顺起义在中国农民战争史上，第一次明确地提出了均贫富的口号。

方腊起义

中国北宋末的农民起义。宋徽宗赵佶时，歙州（今安徽歙县）贫苦农民方腊（方十三）到睦州青溪县（今浙江淳安西北）万年乡帮源峒保正方有常家当佣工（一说方腊是漆园主）。当时宋徽宗、蔡京、童贯一伙贪得无厌地压榨人民，赋役繁重，"人不堪命，遂皆去而为盗"。宣和二年（1120）十月初九，方腊假托"得天符牒"，率领农民，杀死方有常一家，以帮源峒为据点，聚集贫苦农民，号召起义。青溪远近的农民闻风响应，很快发展到上万人。十一月初，义军尊称方腊为"圣公"，改元"永乐"，置将帅六等，头扎红巾等各色头巾作为标志，建立农民政权。二十二日，起义军在青溪县息坑（今浙江淳安西）全歼两浙路常驻宋军五千人，击杀该路兵马都监察遵、颜坦。随后，乘胜进取青溪县，俘获县尉翁开。十二月初，攻克睦州，占据寿昌、分水、桐庐、遂安等县。不久，向西攻下歙州，全歼宋东南第三将"病关索"郭师中部，东进攻克富阳、新城，直趋杭州，以"杀朱勔"相号召。杭州是两浙路的首府，又是造作局所在地，花石纲指挥中心之一，聚集着大批官吏和富商、地主。二十九日，起义军攻入杭州，杀死两浙路制置使陈建、廉访使赵约，知州赵霆逃走。积怨已久的群众，在杭州捕捉官吏，发掘蔡京父祖坟墓，暴露其骸骨。

起义军获得广大农民的热烈拥护和响应。苏州石生，湖州归安县（今浙江湖州）陆行儿，婺州兰溪县灵山峒（今浙江兰溪西南）朱言、吴邦，永康县方岩山（今浙江永康东）陈十四，处州缙云县（今属浙江）霍成富、陈箍桶等，纷纷领导当地农民，参加起义。台州仙居县吕师囊，越州剡县（今浙江嵊州）裘日新（仇道人），衢州郑魔王等领导当地摩尼教秘密组织起兵响应。湖、常、秀等州农民，也"结集徒众"，准备攻打州县。各地农民望见义军的旗帜，听见鼓声，即前来迎接。参加义军的更是"项背相望"。

义军骤然兴起，切断了宋王朝的经济命脉，宋徽宗等惊恐万状。他们一面急忙撤销苏、杭造作局和停运花石纲，罢黜朱勔父子兄弟的官职，妄图松懈义军的斗志；一面派童贯任江、淮、荆、浙等路宣抚使，谭稹任两浙路制置使，调集京畿的禁军和陕西六路蕃、汉兵十五万，南下镇压起义。宣和三年正月，童贯、谭稹分兵两路，由王禀、刘镇等分别率领，向杭州和歙州进发，企图在睦州会合。同年正月，方腊派遣方七佛领兵北伐，一举攻下崇德县，进围杭州东北的秀州（今浙江嘉兴），并分兵进入湖州（今属浙江）境内。正值王禀率领东路宋军从北而来，方七佛义军迎战，不胜，退守杭州。同时，方腊率领主力南征，相继攻下婺（今浙江金华）、衢（今属浙江）两州。义军别部北上攻克宣州宁国县（今安徽宁国西南），进围广德军（今安徽广德）。史称义军先后攻下六州五十多县，包括今浙江省全境和安徽、江苏南部、江西东北部的广大地区。义军秀州之战失利，杭州失去屏障。二月，宋军包围杭州，义军经过苦战，因粮尽援绝，被迫退出杭州。杭州失守，形势急转直下。三月初，义军再次进军杭州，不胜。宋军杨可世、刘镇部攻陷歙州，王禀部攻陷睦州。四月初二，衢州失守，义军将领郑魔王被俘。十七日，婺州失陷。十九日，王禀

村方儀弟廿二宗義又行大高義字天舉。天聖癸亥年間八小常家儔居歙州淳安利平鄉六都五保

關洞吳家山。宣和庚子年十月初九日午時遷居歙州歙縣义吭村居傳何臟寇楊八補匠與方屋，

人見有常籤于頭多雀兒無數來於門舊迎相打二次請方頁父大剿奉望同鑄鎮手中輪釋，

鎮不入乎身只見有常顯落地當時歡不得楊八補匠呼賊寇方臟部號釋殺家儔四十二，

源山岩橋中鈿藏身四十二口朱氏親人每月賜一飲中飯只死三月野處梅花樹上遭竟嫲於

吳氏之長女名三姑身太娘大賢淑生之子長批宮從義郎次撫幹承信郎安撫司摧備

淝韻吳氏扬妖避難有吳氏之言我人定康托青梅抛擊遙宕兒反章嫲於

差使佳隆興府。公有五子内桂祖被方臟殺其今桂茂蔌種五株於字前叔

事日當幹授承信郎官使遷義校尉六曰捉鞋後承信郎七曰四十一官人定歙州汪宅女名兒

姑未賢令即就領公有五子内桂祖被方臟殺其今桂林堂呂濤清之號也、

號於桂林堂呂濤清司史教訓五子桂林堂呂濤清之號也、

又有讚偈曰

指顧閬河日彈鋏若為歲晚為課兒只見讀書與農業定知為事俱不

如堂鎔劍鑰毛鑷雛君不見二十七年耕草蕪出一末真堪書。

遊方承信故藁序

明写本《方氏宗谱——山郭谱（二）》中关于方腊起义的记载

部攻陷青溪县。方腊带领义军退守帮源峒。王禀、刘镇等各路宋军会合，层层包围帮源。二十四日，宋军发动总攻。义军腹背受敌，奋起抵抗，七万多人壮烈牺牲。方腊及其妻邵氏、子方亳（二太子）、丞相方肥等三十多人力竭被俘，解往汴京，八月二十四日英勇就义。

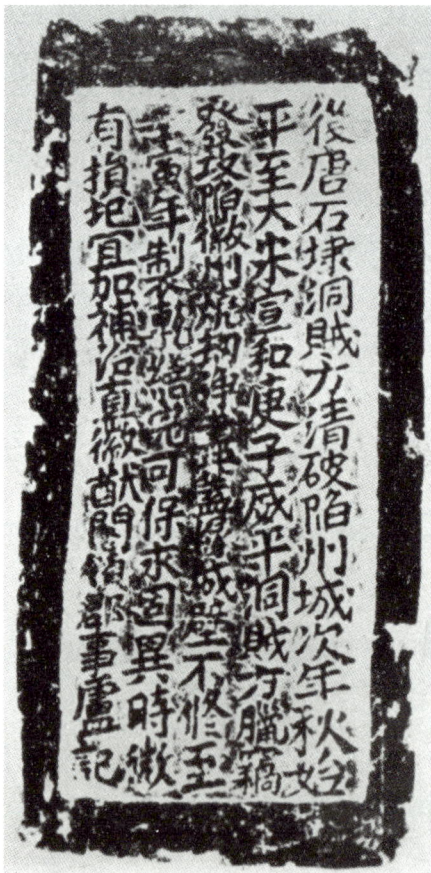

方腊攻克徽州款城砖

方腊被俘后，义军各部继续转战浙东各地。童贯派郭仲荀、刘光世、姚平仲等领兵分路镇压。五月，台州仙居县义军由俞道安带领，从温州永嘉县楠溪攻占乐清县，义乌县义军据天仙峒，寿昌县义军据月溪峒，与宋军激战，天仙峒、月溪峒相继陷落。兰溪县灵山峒义军胡姓、祝姓二将与宋军刘光世部奋战，胡、祝等一千六百多人战死。越州剡县裘日新与宋军姚平仲部作殊死战，裘日新在桃源（今浙江嵊州南）战败牺牲。闰五月，宋军姚平仲部攻陷台州仙居境义军据点招贤（今浙江临海西）等四十多峒。方五相公、方七佛部义军接连失利。六月，仙居义军吕师囊转移至黄岩，宋军折可存部自三界镇追击。义军扼守断头山。宋军以轻兵从山后偷袭，义军战败，吕师囊等三十多名首领牺牲。七月，俞道安部义军从乐清攻打温州，战斗三十多天，不下，转入处州境。十月，俞道安在永康县山区被宋军包围，英勇战死。此后，义军余众在各地继续坚持战斗，直到宣和四年三月，才完全被宋军镇压下去。宋军所到之处，烧杀抢掠，无所不为，无辜百姓被杀害的不计其数，两浙经济遭受严重破坏。

钟相、杨么起义

南宋初洞庭湖地区的一次农民起义。北宋末，鼎州武陵（今湖南常德）人钟相（？—1130），在家乡利用宗教活动组织群众，凡加入他的组织——乡社的农民要交一点钱粮，社内实行互助共济，因此都能"田蚕兴旺，生理丰富"。他宣称："法分贵贱贫富，非善法也。我行法，当等贵贱，均贫富。"这代表了农民要求财富上平均、社会地位平等的政治主张，比北宋初王小波"均贫富"的思想又进了一步。钟相以此深受群众拥护，被称为"老爷"或"天大圣"。周围数百里的贫苦农民加入乡社的不计其数。如此二十余年，其影响扩大到洞庭湖周围各县。

靖康二年（1127）初，钟相组织民兵三百人，命长子钟子昂率领北上"勤王"。这支队伍未与金兵接触，就被刚即位的宋高宗赵构命令遣返。钟相便以这支队伍为基础，筹划起义。金兵渡江南犯，所过残破，官兵和溃兵到处烧杀抢劫，南宋统治者横征暴敛，"政烦赋重"，南方人民陷于水深火热之中，在江西、福建、荆湖各路先后爆发了农民起义。建炎四年（1130）二月，钟相在金人屠潭州（今湖南长沙）、孔彦舟军队犯澧州（今湖南澧县）、鼎州危急之时，率众起义，保卫家乡。建国号楚，年号为天载（一作天战），钟相称楚王，立子钟子昂为太子，设立官属。起义军"焚官府、城市、寺观、神庙及豪右之家，杀官吏、儒生、僧道、巫医、卜祝及有仇隙之人"，并占据地主的土地，归为己

有。他们把杀官吏等称为"行法"，把平分这些人的财产称为"均平"，斥宋朝国法为"邪法"。对于"执末之夫"和"渔樵之人"，则加以保护。凡是参加起义军的，一律免除赋税差科，不受官司法令的束缚。这些主张和行动受到人民的热烈拥护，认为是"天理当然"。起义军攻占了鼎、澧、荆南（今湖北江陵）、潭、峡（今湖北宜昌附近）、岳（今湖南岳阳）、辰（今湖南沅陵）等州十九县。

农民起义军的浩大声势，使鼎州的地主豪绅十分恐惧，他们勾结孔彦舟军队进驻鼎州，镇压农民起义。孔彦舟在屡遭失败之后，派奸细混入起义军做内应，于三月末偷袭攻破钟相营寨，钟相及钟子昂被俘遇害。

钟相牺牲后，部众在杨幺等领导下，仍继续坚持斗争。杨幺（？—1135）名太，在诸首领中最年轻，楚语称幼为幺，故称他为"幺郎"或"杨幺"，逐渐成为起义军共同拥护的领袖。

杨幺在洞庭湖周围建水寨，造战船，实行兵农相兼，"陆耕水战"的战略方针，使起义军得到迅速发展。他们平时从事生产，战时则登舟作战。从武陵、龙阳到沅江县的沅水西侧建立水寨二三十所，尤以上沚江（沅水支流，在今汉寿县内）的夏诚、刘衡两寨最为险要。他们还充分利用河港交错的地形和自己善于操舟的特长，采用水陆两栖的战术与敌军周旋。绍兴元年（1131），俘获南宋官军车船和工匠后，又大造车船。车船是大型战船，用脚踏动车轮，即可击水前进，其行如飞，四周装有打击敌船的拍竿。故杨幺水军更加强大，在与南宋官军的水战中一直保持优势。绍兴三年四月，起义军重建楚政权，立钟子仪为太子，称杨幺为"大圣天王"。这时起义军控制了北达公安，西及鼎、澧，东至岳阳，南抵长沙之界的广大地区。

绍兴三年以后，南宋多次派遣程昌寓、王𤩽、折彦质等前往镇压，都大败而归。绍兴三年冬，禁军将领王璇又率兵前往镇压。他从上游的鼎州水陆并进，对沅水沿岸的起义军水寨发动攻击，并在下游埋伏大量水军，企图一举消灭起义军。杨幺早已将上游的主力及家属转移，使官军扑空。杨幺又发车船数只，偃旗息鼓，交横顺流而下。埋伏在下游的崔增、吴全水军以为是起义军败下的空船，全队争先入湖，大小数百只舟船都被起义军的车船撞沉，崔、吴二人也葬身湖底。一日之内，起义军歼灭南宋水军上万人。同时，起义军还多次挫败南宋朝廷"招安"的阴谋。

绍兴五年春，宋高宗调岳飞前往镇压起义军，又派宰相张浚亲临督战。他们在湖区各要道屯驻重兵，缩小包围圈，加紧经济封锁，并在夏季进兵，蹂践禾稼，造成起义地区严重的经济困难；同时大力开展政治诱降活动。黄佐、杨钦叛变投敌，起义军内部分化瓦解，杨幺力战不屈，被俘牺牲。

杨幺死后，黄诚、周伦等力屈投降，夏诚继续抵抗，小寨亦被攻破。澧州的起义军则在雷德进、雷德通兄弟率领下，固守小寨，又坚持了一年多才最后失败。这次起义前后共持续六年半之久。

张献忠起义

中国明末张献忠领导的农民起义。张献忠，字秉吾，号敬轩，延安卫柳树涧（今陕西定边东）人。家贫，曾在延安府（今属陕西）充捕快手，继投边营。崇祯三年（1630）十月，农民军首领王嘉胤据府谷，破河曲。献忠率米脂十八寨农民应之，自号八大王，人称"黄虎"，率所部转战于陕、豫、皖北。九年秋，自均州（今湖北丹江口市）与马守应等攻襄阳，又联合罗汝才、刘国能等人东下，与久据皖中英山、霍山的贺一龙、贺锦合营，转战至淮阳。十年春，转战太

湖、蕲州（今湖北蕲春西南）、黄州（今湖北黄冈）、安庆等地，破和州（今安徽和县）、含山、定远，众至二十万。同年秋，明军集中兵力，加强部署，进行反扑。起义军连遭失利，先走麻城，后西退至谷城。为保存实力，于十一年五月伪降于明总理六省军务兼兵部尚书熊文灿。

十二年五月再起，夺取库藏，释放狱囚，诛杀地方官吏，谷城、房县所驻明军多投降义军。七月于房县西之罗山败明军左良玉部，斩获甚巨。熊文灿因此弃市，左良玉降秩三级。献忠军威名大震。十

张献忠称大西王后铸造的"西王赏功"钱，可能为西王赏赐有功人员的专用币

月，明兵部尚书杨嗣昌督师至襄阳，部领各路兵约十万，以"四正六隅"之策进剿起义军。十三年春，玛瑙山等役义军连败，退于兴归山区。针对杨嗣昌"围剿"战略，采取"以走致敌"之计，自十三年七月至十四年一月，北起广元，南至泸州、南溪，西起成都，东至巫山、夔门（今重庆奉节），义军足迹几遍全蜀。十四年二月，献忠率军出川入楚，攻占襄阳，杀明襄王朱翊铭，发库藏银赈济饥民。杨嗣昌畏罪自缢。张献忠起义军开始进入极盛时期，转战河南、湖北及皖中北部各州县。十六年，又在蕲黄一带号召农民参军，队伍迅速扩大，五月取武昌，执明楚王朱华奎以王府所存银钱散济贫民。改武昌为天授府，以为京都，称大西王。建制置官，开科取士，蕲、黄一带二十一州县悉附。八月，弃武昌西进，复南下蒲圻、嘉鱼，克长沙。又攻占常德、宝庆（今湖南邵阳）等府，分兵进攻江西。十月，连破永新、吉安、萍乡、袁州

（今江西宜春）、安福、万载等城。十一月克建昌（今江西南城），继下抚州、南丰。

农民军占领长沙后，于所克州县设置官吏，传檄远近，令所属州县民众照常营业，宣布钱粮三年免征。同时严肃军纪，严禁杀掠。农民军还在常德刑杀宗室贵族及横暴官绅，并将杨嗣昌家霸占的土地还给农民。故湖南、江西农民群起响应。

十六年岁末，张献忠率军入四川。十七年六月克重庆，执杀明四川巡抚陈士奇。八月克成都后，分兵略地，先后下四川州县五六十。十月，以成都为西京，建立政权，国号大西，改元大顺，以次年为大顺元年，并设置内阁和六部，对前明投顺官吏加以任用。建置各院监寺科道，委派官吏。地方政权分府、州、县，分设知府、知州、知县等官。同时统一军制，共编一百二十营，营设总兵。最高武官为将军，有孙可望、李定国、刘文秀、艾能奇等。次有都督多人。

为收罗人才，还开科取士，所取进士举人分别选授中央及地方官吏。聘请意大利传教士利类思、葡萄牙传教士安文思为"天学国师"，学习西方各国政事、天文、数学等方面的知识。

张献忠在四川严厉镇压横行地方的官绅和地主，但措施过激，波及面过宽。起义军内部则严格约束士卒，不许淫掠。对违纪者有由"捆打"至"枭示"的处罚，但往往禁而不止。还释放狱囚，散府库金银赈济贫穷。在起义军占领时期，过去曾受官绅地主压迫的奴仆或纷起暴动响应献忠，或向起义军地方官府告发故主罪状。义军尤注意团结少数民族，派人到各地招抚

"西王之宝"印文

各少数民族，免其三年租赋。除个别部族外，四川少数民族多行归附。为保持过去内地和少数民族地区的传统茶马贸易，献忠还任命雅州（今四川雅安）知州王国臣为茶马御史，以司其事。

献忠占据四川时期，李自成领导的起义军已在清军进攻下逐渐败亡。清军占领黄河流域各省后，分兵南下。清顺治二年（1645），派人入川向献忠招降，献忠严加拒绝，并召集诸将计议征伐。三年八月，清兵逾剑阁（即剑门关）入阆中。献忠率军迎击，至西充的凤凰山，清兵猝至，因疏于防备，未及战斗，献忠已被清兵射死，起义军大败。余部由孙可望、李定国等率领，南下云贵，联合南明永明王共同抗清。

李自成起义

明末李自成领导的农民起义。李自成，原名鸿基，陕西米脂人，家世业农，父守忠因里役破产。自成以家贫，为人牧羊，略识文字，及长为银川驿卒。明天启、崇祯年间，陕北连年旱荒，农民纷起暴动。崇祯三年（1630），自成投活动于西川的义军不沾泥张存孟部。后因张存孟败降，自为一军。

起义的发展和胜利　自成投闯王高迎祥，为八队闯将，转战陕、晋、畿南、豫楚等地。七年，高迎祥农民军被围困于汉中附近峡谷中，自成重贿明总督陈奇瑜，伪称解甲归农，得脱围困。既出栈道，连破麟游、永寿等七县，势力愈强。九年七月，迎祥在陕西盩厔（今周至）战败，被俘牺牲，自成承袭闯王名号，转战于陕南及四川东北部地区。十一年，起义军败于梓潼，被迫出川北上。自剑州（今四川剑阁）入甘肃，又走避宁羌（今陕西宁强）。六月至汉中。是时农民军首领大多败降，唯李自成农民军仍坚持战斗。是年冬，明三边总督洪承畴、陕西巡抚孙传庭设伏于潼关原，起义军损失过重，潜伏陕南山区。十二年，避走巴东。十三年二月，自成军又在奉节鱼腹山失利，为避实就虚，乃走大宁（今重庆巫溪）、竹山，返陕南，再次潜伏商雒山（今陕西商洛

李自成肖像画

东南）中。

同年，河南省发生严重灾荒，农民纷起暴动。十一月中旬，起义军经陕南商州突出武关，转战河南，农民争附，连下豫西南各州县。不久，文士牛金星、宋献策、李岩等先后投奔起义军。十四年初下洛阳，杀明福王朱常洵，开仓济贫，声势迅速扩大。此后，三次围攻开封，连获项城、襄城、朱仙镇、郏县、汝宁五次战役的胜利，执杀明兵部尚书陕西总督傅宗龙、汪乔年及陕督杨文岳等，大败陕督孙传庭。明军主力被消灭，起义军控制河南全省，部众近百万，其他农民军首领如罗汝才、袁时中等多归附自成，李自成起义军成为明末农民起义军的主力。

自占领洛阳始，李自成逐渐放弃流动作战，每得一城，分兵据守。十六年正月克承天（今湖北钟祥），打出"剿兵安民"旗号，散发"三年不征"传单。寻移檄黄州，揭露朱明暴政，宣传自己"兴仁义之师、拯民于水火"的作战宗

旨。两年多席卷河南五府数十州县，及湖广荆、襄诸府。十六年二月，改襄阳为襄京，成立新顺政权，自成自号奉天倡义文武大元帅，罗汝才为代天抚民威德大将军。辖区西起潼关，东至归德（今河南商丘）、汝宁（今河南汝南），北滨黄河，南至松滋、枝江、澧州（今湖南澧县），派遣地方官吏者凡七十多州县。

起义军雄踞荆襄，遂图谋取京师。李自成采纳谋士顾君恩之策，先取陕西，作为根据地。十六年九月，起义军于河南郏县大败孙传庭，杀伤明军四万多人，获器仗辎重数十万计，传庭奔潼关。此后起义军分两路进兵陕西，一路经淅川下商州（今陕西商洛）入陕南；自成则亲率大军趋潼关。十月，陷潼关，明军溃败，传庭战死。十七年正月，起义军攻克西安，乘胜取宁夏、兰州、西宁、永昌、庄浪等地。起义军占领西安后，即正式定国号为大顺，改元永昌，以崇祯十七年为永昌元年，并改西安为长安。李自成改名李自晟，称王。同年二月，起义军分两路进攻北京，一路由先已进入山西的大将刘芳亮等率领，从平阳（今山西临汾）经阳城，越太行山出豫北，先下卫辉（今属河南）、彰德（今河南安阳）等地，然后经真定（今河北正定）北上，以牵制明朝南路援军；一路由自成亲自率领，渡黄河，下太原，传檄各州县，揭露朱明种种罪状。山西农民群起响应，各府州县望风而下，自成遂率军北上，经大同、宣府（今河北张家口市）南下，三月十八日围困京师。次日攻入北京。明思宗朱由检自缢于煤山

永昌通宝

大顺政权"工政府屯田清吏司契"印文

（今景山）。明朝灭亡。

政权建设 起义军在襄阳建立新顺政权之时即曾设官置司，中央置上相、左辅、右弼、六政府（相当于六部）侍郎、郎中等官，地方设防御使、府尹、州牧、县令。在西安建立大顺政权后，又增置六政府尚书，设弘文馆、文谕院、谏议等官，并封爵五等，大封功臣。

占领北京后，大顺中央政治机构在襄阳、西安两次建置的基础上加以补充，委派官吏，改内阁为天祐殿，牛金星继任首辅。六政府尚书分别为：吏政府尚书宋企郊，户政府尚书杨玉休，礼政府尚书巩焴，兵政府尚书喻上猷（一作侯恂），刑政府尚书安兴民（一作耿然明），工政府尚书侯恂（一作黎志陞）。尚书下设侍郎、郎中、从事、员外等职，充实和完备了各部朝官。又改翰林院为弘文馆，六科给事中为六政府谏议，十三道御史为直指史，太仆寺为验马寺，尚书宝寺为尚玺寺，通政使为知政使。其余光禄、大理、太常、鸿胪、国子监等仍沿袭前明旧名。所委官员少数由举监生员充任，其余绝大部分为前明降官。地方文武官吏，改巡抚为节度使，布政司为通会，兵备为防御使，知府为府尹，知州为州牧，知县为县令。并开科取士，选拔新人出任各级官吏。武职亦改前明武官之称，改五军都督府为五军部，仍设左右都督。又改总兵为正总权，副将为副总权，守备为守旅，把总为守旗。但职名并未统一，有的仍沿用总兵、副将等称。其专事征伐的有：权将军，一品；副权将军，二品；制将军，三品；果毅将军，四品；威武将军，五

品；都尉，六品；掌旗，七品；部总，八品；哨总，九品。权将军有田见秀、刘宗敏；制将军有李过、李岩、贺锦、刘芳亮、袁宗第、刘希尧等，其余授果毅将军、威武将军等衔者凡五十余人。

李自成在北京建制的同时，继续分兵略地，委派地方官吏，建立基层政权。北直、山东、河南、苏北、皖北各地州牧县令纷纷上任。降将马科则率军进攻四川，川北州县也多降附置官。这时大顺版图，东自山东，西至甘宁，北沿长城，南达江淮，掩有北直、山东、山西、陕西、河南五省，西北甘肃、青海、宁夏的一部分，川北保宁地区若干州县，及今江苏、安徽淮河流域地区，长江流域则有湖广的荆州、襄阳、承天、德安四府等地。

政治经济纲领政策　起义军起义过程中，针对明朝地权集中与赋税繁重的情况，提出"均田免粮"口号。攻占西安后，又以"贵贱均田"及"五年不征"相号召。在河南等地到处传播"不当差、不纳粮"的歌谣。后因"均田免粮"纲领属于平均主义的空想，并未真正实行，只是个别地方官曾经实行过改变地权的措施。如山东诸城县令到任之后，即以劫富济贫之说，令产不论远近，许业主认耕；在某些地区大顺地方官府还默许农民进行自发的夺地斗争。起义军亦实行籍没富室政策，以解决军饷，兼济贫穷。李自成初下洛阳，没收福王藩府及宦家巨室存积的粮食和大量金钱，以其中一部分赈济贫民。以后每攻占一个城镇，常采取类似措施。占领西安后，继续以"劫富济贫"相号召。但在这一口号下，劫掠平民、殃及无辜之事亦时有发生。起义军还针对地方为考中的举人进士树建牌坊，下"毁坊之令"。起义军还实行平买平卖、保护工商政策。这种政策自崇祯十四年占领河南起，始终执行。起义军进北京后，令市民照常营业，不少地区工商业照常进行。山东畿辅运河航行的商船不绝。

起义的失败　起义军占领北京后，北方的明军只余驻防山海关外的明总兵吴三桂。李自成虽认识到吴三桂拥有重兵，事关边防，但失于轻敌，仅派降将、权将军唐通和降官、兵政府侍郎左懋第携金银锦缎前往招抚。吴三桂先接受招抚，后闻自成在北京向明官追饷，并闻家属被拘，遂归山海关起兵反叛，并向清军求援。李自成大怒，率刘宗敏、李过东征，四月二十一日至山海关。为防三桂东退，自成出奇兵二万绕至三桂军后，自己则率大军从西面合围夹击。在吴三桂军动摇之际，清多尔衮发兵夹击。因众寡悬殊，两面受敌，农民军势渐不支，败退北京。农民军的战败引起北京人心惶恐。明降官纷纷南逃，各地官绅地主也纷起反噬。尤其严重的是，起义军的很多将官经不起都市豪华生活的诱惑，骛声色，贪财货，分据前明大官住宅，日趋骄奢淫逸，士卒也各身怀重货，无有斗志。斗争严峻，军心涣散，纪律松弛，形势十分不利。永昌元年（1644）四月二十九日，自成仓促即帝位，次日即离北京南下，经晋入陕，试图仍以陕西为基地再起。入陕后，李自成令李过、高一功据守陕北，自己据守西安。在清军进逼下，李过、高一功退至陕南，又沿秦楚边界，经川东至荆门、当阳南下。自成也于次年正月退出西安，自蓝田、商州经

李自成进北京（绘画）

武关退守河南，又经襄阳、承天、德安（今湖北安陆）退至武昌。五月转战至湖北东南各州县。九月至九宫山（一云通山、一云通城），为地主乡团所围困。李自成牺牲（一说兵败后禅隐湖南石门夹山），余部由刘宗敏、李过率领南下，联明御清。

川楚白莲教起义

清嘉庆初年的农民起义。最早参加者多为白莲教教徒。始爆发于川楚陕边境地区，后波及川、楚、陕、豫、甘等省，历时九载，是清代前期规模最大的一次农民战争。

川楚陕三省边境地区是一片原始森林地带，历来为被迫离开土地的流民聚集之所。乾隆三十七、三十八年（1772、1773），川、楚两省饥民来此觅食者达数十万。加

上来自河南、安徽、江西等省的流民，总数不下百万。该地土壤瘠薄，气候恶劣，流民除搭棚佃耕土地外，还需受雇于木厢厂、铁厂、纸厂，获取微薄工钱，方能生存。他们不仅受地主、厂主的剥削，还要受差役、讼棍的勒索，生活极为艰难。绝望中的流民便成了白莲教传播的对象。

白莲教是明清时期主要的秘密宗教，崇奉"无生老母"与"弥勒佛"，以"真空家乡、无生老母"为八字真诀，使人们在精神上得到一定寄托，对于处在水深火热之中力图摆脱现世的流民来说，具有很大的吸引力，因而从者日众。

乾隆后期，各种社会矛盾激化。官僚、地主、富商大肆兼并土地。人口激增、耕地不足，导致粮价猛涨，饥民日众。加以封建统治阶级生活奢侈，贪官污吏横行，人们不满和反抗情绪日增，白莲教的宣传也随之增加了反抗现实的内容。乾隆三十九年，教首樊明德在河南向教徒提出已到"末劫

年", 将要 "换乾坤, 换世界"。稍后, 刘松、刘之协、宋之清等在湖北、四川、安徽等地传教时, 又提出 "弥勒转世, 当辅牛八"(牛八即朱字拆写, 暗指明朝后裔), 宣称 "黄天将死, 苍天将生", 入其教则可免一切水火刀兵灾厄。入教后, "教中所获资财, 悉以均分", 习教之人, "穿衣吃饭, 不分尔我", "有患相救, 有难相死, 不持一钱可周行天下" 等。这种宣传既符合小生产者平均、平等和互济互助的要求, 又满足了他们反抗求生的愿望。因此, 到乾隆末年, 白莲教已发展成一支强大的势力, 并酝酿举行武装起义。

乾隆六十年, 湖北各地白莲教首, 秘商在 "辰年辰月辰日"(嘉庆元年三月初十) 共同起事, 让教徒制备刀把火药。白莲教的迅速发展和其反清内容, 引起了清政府的严重不安, 遂下令大规模搜捕白莲教徒。大批教首、教徒被捕遇害, 地方官则以查拿邪教为名, 行敲诈勒索之实。"不论习教不习教, 但论给钱不给钱", "不遂所欲, 即诬以邪教治罪"。各地教首遂以 "官逼民反" 为口号, 号召教徒奋起反抗。嘉庆元年正月初七(1796 年 2 月 15 日), 湖北宜都、枝江一带首领张正谟、聂杰人等因官府查拿紧急, 被迫提前举义。长阳、来凤、当阳、竹山等县教徒接踵而起。三月初十, 襄阳地区的教徒, 在王聪儿、姚之富等率领下, 按原定日期起义。各路起义军, 互不相属, 各自为战, 所踞山寨或县城, 多被清军各个击破。唯有襄阳起义军采取流动作战的策略, 力量迅速壮大, 成为湖北起义军的主力。在湖北白莲教起义影响下, 四川各地的白莲教徒也纷纷响应。九月, 达州教首徐添德, 东乡(今四川宣汉)教首王三槐、冷天禄等皆各率众起义。

二年初, 襄阳起义军又开始了大规模流动作战, 转战于湖北、四川、河南、陕西, 后分三股进入四川。清军只尾随其后, 疲于奔命。七月, 四川起义军被清军围困, 襄阳起义军赶到解围, 在东乡与四

川起义军会师。各路起义军按青、黄、蓝、白分号，设立掌柜、元帅、先锋、总兵等职。然而，小生产者固有的分散性与保守性，使起义军并未真正联为一体，各股仍然各自为战，分散行动。

三年三月，襄阳起义军在湖北郧西被清军包围，首领王聪儿、姚之富跳崖牺牲，余部仍继续斗争。四川起义军也受到重大损失。但在嘉庆五年三月以前，起义军处于发展壮大阶段。起义军因得到各地人民的支持，所到之处，"有屋舍以栖止，有衣食、火药以接济，有骡马刍草以夺骑更换"，且有各地教徒"为之向导负运"，多次重创清军。嘉庆五年四月四川江油马蹄冈战役以后，起义始转入低潮。人数从十几万减至几万人，许多重要将领相继牺牲。清政府的"坚壁清野"与"寨堡团练"之策，已逐渐推广并发挥作用。通过筑寨堡、并村落，令百姓移居其中，将民间粮秣给养充实其内，又训练丁壮，进行防守，从而切断了起义军同人民

间的联系，使之无法得到粮草与兵源的补充，力量日渐枯竭。嘉庆六年下半年，起义军活动基本上只限于川楚陕边境地区，转战在万山老林之中，人数已不超过两万四千，而围剿的清军，则十倍于此。起义军在极端艰苦的条件下，坚持战斗，至九年九月，起义终告失败。

白莲教起义军在历时九年多的战斗中，占据或攻破州县达二百零四个，抗击了清政府从十六个省征调来的大批军队，歼灭了大量清军，击毙副将以下将弁四百余名，提镇等一、二品大员二十余名，清政府耗费军费二亿两，相当于四年的财政收入。这次起义使清王朝元气大伤，此后清王朝的统治逐渐走向衰落。

义和团运动

中国清末群众性的反帝爱国运动，它是中日甲午战争后中国人民反瓜分、反侵略斗争的发展，又是长期以来遍及全国各地的反教会斗争的总爆发。

义和团的兴起　义和团原称义和拳，是长期流行于山东、直隶（约今河北）等地的许多民间秘密结社中的一种。甲午战争后，德国占领胶州湾，强划山东全省为其势力范围；外国教会亦在山东扩展势力，纵容、包庇不法"教民"（即中国教徒），遇有民教涉讼事件，它们往往出面干预，胁迫地方官袒教抑民，做出不公正的判决。群众对教会积恨成仇，各地反教斗争接踵而起。义和拳遂成为反对外国侵略势力的重要组织形式。

光绪二十四年九月（1898年10月），山东冠县义和拳以阎书勤为首，联合直隶威县赵三多等，聚众烧毁红桃园教堂，占领犁园屯，震动了鲁、直两省的毗连地区，成为义和拳反帝斗争兴起的信号。次年10月，以朱红灯、本明和尚为首的义和拳在平原县杠子李庄、森罗殿等处，与地方营队战斗，促进山东许多州县反侵略斗争的迅速发展。12月，直隶南部枣强县以王庆一为首的义和拳开展反教会斗争；冀州开元寺武修和尚亦率众焚毁景州苏古庄等处教堂。山东、直隶两省毗连地区的反教斗争连成一片。

山东义和拳开展反教会斗争后，当地传教士要求清政府严加镇压。山东巡抚张汝梅则建议清政府改义和拳为团练，以便控制，并将义和拳改名为义和团；毓贤继任山东巡抚后，企图瓦解分化义和拳，采取"分别良莠"的办法，对参加义和拳的一般群众称为"良民"，默许他们设厂练拳，对武装反抗的人则诬蔑为"匪徒"，捉拿惩办。张汝梅、毓贤的计划未达到预期目的，却更有利于义和拳的发展。山东各地大刀会、红拳会以及其他秘密结社的成员和一般群众纷纷参加义和团，使其成为具有广泛群众性的"灭洋"团体。

义和团的主要参加者是处于社会底层的劳苦大众，贫困和愚昧使他们的反抗斗争只能沿袭过去农民起义利用秘密结社的办法，采取设立神坛的方式发展组织，操练拳术，吸引群众。义和团分乾、坎、艮、震、巽、离、坤、兑八门。其中乾字号（以黄布为标记）和坎字号（以红布为标记）力量最大（有些地方出现"中"字号）。但各个字号之上以及每个字号本身都没有统一的组织和集中的领导。义和团的基层组织是坛，又称"坛场"或"拳厂"，是敬神、练拳、聚会、议事的场所。有的地方几个或更多的坛口之上有总坛口，它们之间也无统属关系。义和团的首领一般称为大师兄、二师兄、三师兄，也有称总大师兄和祖师的。各坛口往往各自进行分散的斗争，但当需要联合行动时，即使数百里外，也派人接应。义和团参加者绝大部分是农民，其次是手工业者、旧式交通运输工人、和尚道士、散兵游勇，也有少数封建知识分子、中小地主和官吏，还有地痞、流氓卷入。义和团带有浓厚的神秘主义色彩，用画符念咒、请神附身等"术法"动员群众，广泛宣传"持符念咒、神灵附体"来鼓舞斗志。他们信奉的神祇除佛、道以外，还有小说、戏

义和团

曲、民间故事中的神怪和人物。义和团散发各种传单、揭帖，以朴素的语言和歌谣形式，进行驱逐侵略者、保卫国家的宣传。同时这些传单、揭帖中也带有迷信落后意识和盲目排外的情绪。

早在 1898 年反教会斗争兴起时，义和团就提出了"扶清灭洋"的口号。这个口号在初期曾吸引广大群众参加，壮大了义和团的声势，但同时也反映了义和团对清政府的模糊认识，以致后来因此受统治者的欺骗利用，最后被出卖。

清政府对义和团的"剿"与"抚" 义和团在山东反侵略斗争的发展，引起帝国主义者的恐惧和仇视，他们指责地方官吏没有采取有力措施保护教士、教民，对毓贤尤为不满。光绪二十五年十一月（1899 年 12 月初），美国公使示意清政府由武卫右军统领袁世凯为山东巡抚，以便统带所部新军镇压反教群众。清政府接受了这项无理要求。袁世凯就任后，把镇压义和团当作主要任务，发出布告称义和拳

"向干例禁"，要群众"传送首犯"，隐匿不报者作为窝主治罪。他命令各属悬赏购缉义和团，并派道府大员督同营队四出攻剿。在袁世凯的镇压下，山东义和团实力遭到重大摧残。

从义和团运动兴起时起，清政府官员在对待义和团问题上，一直存在着主"剿"和主"抚"两种不同意见。前者认为义和团源自白莲教，必须严加取缔，坚决镇压，以防止事态扩大；后者认为对义和团采取高压政策，很可能给清朝统治带来严重危险，主张实行"招抚"，加以操纵利用。这两派意见交互影响清政府，使其举棋不定，对义和团的镇压忽松忽紧。光绪二十五年十二月十一（1900 年 1 月 11 日），即袁世凯就任山东巡抚后半个月，清政府发布一道谕旨，命令各省督抚严饬地方官，在办理教案时，必须实行区别对待的政策，"只问其为匪与否，肇衅与否，不论其会不会、教不教"。这表明清政府采纳了主"抚"派的意见。各国驻北京

公使对这道谕旨反应强烈，断定清政府有意纵容义和团。法、美、德、英等国公使会商后，于1月底发出照会，要求清政府全面镇压义和团。3月上旬，他们又胁迫总理各国事务衙门，如果中国不接受要求，各国公使将报请本国政府派军舰来华，实行武装干涉。清政府于是又颁布谕旨，命令直隶、山东督抚出告示严禁义和团。清政府的态度反复，同当时国内局势有关。戊戌政变后，慈禧太后再次主政，幽禁光绪帝（即清德宗载湉），主持、拥护变法的官员或死或逃，或被革职监禁，统治力量因分裂而更加虚弱。当义和团开展反侵略斗争时，中国正面临被瓜分的严重危险，因此清政府对镇压义和团不能不有所顾忌。清政府利用义和团，还同统治集团内部权力斗争和废立问题有关。端王载漪、军机大臣刚毅等顽固派，力图废黜光绪帝，拥立载漪之子溥儁即位，以巩固权位，但得不到外国公使的支持。载漪等人计划受挫，蓄意进行报复。他们看到义和团反帝斗争的巨大声势，又相信义和团的"法术"，幻想利用群众斗争来实现夺取皇位的目的。

清政府在"剿"与"抚"之间的徘徊，导致义和团在受挫于山东后，又将反教斗争转至直隶地区。当地官员对此虽十分惊恐，却不敢贸然进行武力镇压。义和团因此迅速发展。当清政府下谕旨明令在直隶严禁义和团后，直隶总督裕禄才调淮军右翼统领梅东益所部六营及武卫前军邢长春马队两营到冀州、深州、河间等地镇压。义和团的空前发展，已使清政府既无决心、亦无可能在短期内将其镇压下去。

义和团抗击八国联军　清政府在义和团问题上犹豫摇摆，各国公使决定用武力胁迫清朝统治者就范。6月10日英国海军中将西摩统率多国联军（史称八国联军）两千余人，从天津直趋北京。6月中旬，大批义和团亦准备进入北京城。清政府这时失去对局势的控制，为了保住政权，必须做出抉择，或者利用义和团抵抗西摩联军，或者联合西摩联军镇压义和团。义和团声势浩大，反抗斗争得到北京广大居民的同情和支持，部分北京驻军也倾向义和团，加之"扶清灭洋"的口号，更使清政府感到义和团无意与它为难，大可利用；而西摩联军气势汹汹，来意不明，且总理衙门大臣许景澄等奉命到使馆交涉，要求其中途折回，遭到坚决拒绝，更增加清政府的疑惧。清政府派军机大臣刚毅、赵舒翘等分批前往涿州"视察"义和团后，6月13日终于承认义和团为合法，准许他们进入北京内城。

当西摩统率联军自天津出动时，义和团拆毁铁路，阻挡侵略军前进。11日和12日，联军只前进四十多英里，13日下午义和团与西摩联军在落垡、廊坊交锋。他们使用大刀、长矛、抬枪等落后武器，同侵略军浴血苦斗，表现出了极大的勇气和牺牲精神。18日，董福祥统率的武卫后军（甘军）加入战斗。西摩联军遭到痛击，被迫撤退到杨村，夺得几只木船，运载伤员

和辎重，顺流而下。其余军队沿河徒步向天津方向逃窜，一路遭到义和团和清军的追击和堵截。直到26日才被天津开来的一支援军救出，狼狈逃回租界，死伤近三百人。西摩承认，"义和团所用设为西式枪炮，则所率联军必全军覆没"。

西摩联军被围后，与外界消息不通。6月15日，大沽各国海军将领会商营救办法，俄国提出各国军队联合夺占大沽炮台。16日晚，他们向中国守军发出通牒，限第二天清晨二时前交出炮台营垒，由各国接管，否则届时以武力夺取。大沽守将罗荣光断然拒绝。当晚，英、俄、日、德等海军组织突击队，在炮舰掩护下向大沽炮台发起猛攻。守军英勇抵抗失利，炮台陷落，天津的门户被打开。大沽炮台失守消息传到北京，21日，清政府发布对外宣战的谕旨。义和团和清军开始围攻使馆和西什库天主堂。

义和团运动的大爆发，特别是义和团进入北京和清政府对外宣战，促使人民群众反帝斗争很快席

卷全国。许多地区教堂被大量焚毁，声势浩大，使侵略分子坐立不安。

天津义和团在大沽炮台陷落前，群众已焚毁仓门口、望海楼等处教堂。租界内的侵略军出来干涉。盘踞老龙头火车站的俄军炮击义和团，造成重大伤亡。曹福田统率的义和团进攻租界和火车站，揭开天津战斗的序幕。他们破坏铁路，阻击从大沽开来的援敌，顽强奋战。大沽失陷的消息传到天津，聂士成所部武卫前军参加战斗，炮击天津租界。大沽各国军队急速向天津进犯，企图与租界内侵略军会合。6月21日，义和团与清军击退俄美军队的联合进攻。23日，俄、英、美军两千人强行闯入租界。英、美等国军队接踵赶到，人数增至八千以上。西摩联军逃回租界后，天津联军总数超过一万。他们组织力量反扑，对天津城外围发起攻击。6月底，张德成率静海独流镇义和团到天津参战，驻扎山海关内外的武卫左军马玉昆部也陆续开到天津。7月初，清军与义和团组织了一次联合作战。张德成率领的义和团和马玉昆部清军进攻租界，曹福田为首的义和团攻击老龙头火车站，聂士成所部守南门外海光寺机器局（西局子），并派出一部分军队与练军进攻东局子。这次战斗，义和团与清军互相配合，打得主动顽强，使侵略军胆战心寒。

7月9日，各国军队联合进攻海光寺一带，聂士成战死后，所部步马三十营多半溃散，天津城防因此削弱。次日帮办北洋军务宋庆到天津主持战局。13日，联军大举进犯，炮轰天津城，全城大火。义和团在城外壕沟里和芦苇丛中阻击敌人，战斗中击毙美军第九步兵团上校团长及其以下军官多名，打死八百余人。这是天津战役中最激烈的一次战斗。当晚，裕禄在马玉昆等保护下，逃到北仓。14日，日本工程兵轰塌南门，敌军从城墙缺口攻入天津城。天津失陷后，侵略军大肆焚掠，残暴罪行，令人发指。

天津陷落后，俄军统帅召集各国高级军官开会，成立天津临时政府（即"天津都统衙门"）。这个机构对天津及其附近地区进行了长达两年的殖民统治，直到1902年8月被撤销。天津刚失陷，俄国即抢占海河东岸近六千亩地方，划为俄租界，超过原来英、法、德、日租界的总面积。在天津没有租界的比利时、奥匈帝国、意大利也要求建立租界，已占有租界的英、德、日则要求扩大，因此出现了帝国主义分割天津的局面。

7月14日联军占领天津后，内部矛盾重重，对何时进犯北京争吵不休。直到8月4日，各国联军约两万人，从天津出发进攻北京，其中日军约八千人，俄军四千八百人，英三千人，美两千人，法四百人，意、奥不满一百人，德军没有参加。清军为阻敌前进，在北仓修筑阵地，决堤放水，淹没西沽、北仓间的大片地段，并在一些地方布了水雷和地雷。次日，联军以日军为主进攻北仓。清军奋力抵御，毙伤敌军四百人，但北仓失陷。6日，英、俄、美军进攻杨村，清军迎战

失利，裕禄自尽。清政府宣战后一个多星期，就指示驻外各使馆，要它们向各国政府保证，由它"设法相机自行惩办"义和团，并命令军机大臣兼武卫军统领荣禄派人到外国使馆商议停战，后来又一再向俄、日、英、法、德、美政府乞情，请求它们出面调停。但清政府的一切求和活动都没有结果。8月7日，清政府任命李鸿章为议和代表，电商各国停战，前线将领因而更无斗志。14日北京失陷。慈禧太后、光绪皇帝于次日清晨仓皇出逃。16日围攻西什库教堂的战斗结束。慈禧在流亡途中，颁布"剿匪"谕旨，通令各路官兵剿办义和团，要做到斩尽杀绝。联军占领北京后，大肆烧杀抢劫。英、德、法等军继续派出部队，四出攻城略地。9月间，俄军占领北塘、唐山、秦皇岛等地，控制北京、天津到山海关铁路。德国元帅瓦德西又率领两万德军到中国，并任联军统帅。10月中，他派出德、英、法、意军队从北京、天津两路进攻保定。直

到次年4月，瓦德西组织了四十六起"讨伐队"（其中三十三起为德军）四出侵扰，西至直晋边境的娘子关、紫荆关，西北到张家口，南到直鲁边境。所到之处烧杀掠劫，无恶不作。

东南互保 当西摩统率联军两千余人从天津向北京进犯，遭到义和团阻击，与外界消息隔绝时，英国上海代总领事霍必澜于6月14日电告其外交大臣索尔斯伯理，建议英政府如果同北京政府决裂，最好与湖广、两江总督立即取得谅解。他相信张之洞、刘坤一如能得到英政府的有力支持，"必能尽力维持其辖区内的秩序"。索尔斯伯理复电采纳霍必澜的建议，授权他向刘、张等提出保证，如果决心"维持秩序"，就能得到英国军舰的全力支持。英海军部又电令在上海的高级海军将领派军舰到南京、汉口，传达英政府的决定。英国为了阻止群众起来响应北方义和团的反帝斗争，排除其他帝国主义可能乘机在长江流域扩充势力，决定利用

地方当局保护它在中国的侵略利益。刘坤一、张之洞经过几度电商后，同意霍必澜的计划。大沽炮台失守的消息传来后，京广铁路督办盛宣怀竭力劝说刘坤一、张之洞立即与上海各国领事而不是单独同英国订约，成立所谓"东南互保"。刘坤一认为北方战事无法避免，电告张之洞及江苏、安徽、江西巡抚："为今计惟有力任保护，稳住各国"，"事至危急，未可拘泥"。清政府宣战诏书发表后，两广总督李鸿章、刘坤一、张之洞相互约定扣押这道谕旨，防止泄露消息。他们又以"矫诏"为由，拒绝执行朝廷的命令。

刘坤一、张之洞接受盛宣怀的主张，于6月26日，以上海道台余联沅为代表，邀约各国领事商订所谓《东南互保章程》九条，主要内容为："上海租界归各国公同保护，长江及苏杭内地均归各督抚保护，两不相扰，以保全中外商民人命产业为主。"各国领事原则上表示同意，但声明订约必须得到各国

反抗神权的盗火者·中国著名起义与战争

政府的授权。刘、张对各国领事保证，不管此后北方发生什么事情，他们"仍照所议办理，断不更易"，并拒绝清政府要他们"招团御侮"的命令。以后，实行"互保"的地区，从原来的江苏、江西、安徽、湖北、湖南，扩大到浙江、福建、广东、山东。福建省还单独与福州各国领事直接达成类似的协议。

上海道台不断催促各国领事正式订约，但这个"中外互保章程"最后并没有签字。7月13日，上海领事团根据各国政府指示，照会余联沅，拒绝在"互保章程"上签字。这个章程虽没有订立，但由于刘坤一等地方督抚竭力镇压群众响应义和团运动，"互保"的局面终于保持下来。

辛丑条约　八国联军攻陷北京，慈禧太后、光绪帝经太原逃往西安。出逃前，已派出李鸿章为代表乞和，但侵略者不急于立即开议。各国经过反复商议后，才决定与清政府议和并继续维持以慈禧太后为首的统治。法国于10月4日向各国提出备忘录，包括惩凶、赔款，在北京及其附近地区驻军、平毁大沽炮台等六项要求作为议和的先决条件，为各国所赞同。英、俄、德、日、美等国又在法国提议的基础上加以补充，扩大为议和大纲十二条，于12月24日强迫清政府接受。此后它们又依照大纲拟出详细条款，于1901年9月7日（光绪二十七年七月二十五）与清政府代表奕劻、李鸿章正式签订《辛丑条约》（又称《北京议定书》，通称《辛丑条约》），除正约外，还有19个附件。它的主要内容有：①中国向各国赔偿白银4.5亿两，分39年还清，连利息在内，共9.82亿多两，史称"庚子赔款"。指定海关税、通商口岸常关税及盐税作为偿还赔款之用。俄国索取赔款最多，达1.3亿多两，占总数的29%；其次为德国，占20%。②拆除大沽炮台，北京设使馆区，界内不准中国人居住。除使馆区驻兵外，北京到山海关铁路沿线12处驻扎外国军队。③永远禁止中国人民成立或参

加具有反帝性质的集团，违者一律处死；地方官自总督、巡抚以下，对其辖区内发生伤害外国人或违约行为，如不及时弹压惩办，"即行革职，永不叙用"；对附和过义和团的官员，中央自王公大臣以下，地方自巡抚以下，监禁、流放和处死 100 多人；发生过反帝斗争的城镇，一律停止科考 5 年。④改总理各国事务衙门为外务部，"班在各部之前"，由清朝近支王公主管，另设尚书二人，其中一人为军机大臣。⑤修订新商约，清政府将通商行船各条"均行议商，以期妥善简易"，并疏浚天津、上海河道等。《辛丑条约》规定的赔款数额之大，条件之苛刻，都是空前的。它是对中国人民的一次大勒索、大屈辱，也使清政府完全丧失了独立地位。

义和团运动是群众自发的反帝爱国运动。没有统一的组织、集中的领导和协同一致的行动，失败是必然的。但义和团群众从切身的感受中，认识到外国侵略者是中国人民最主要的敌人。从这一感性认识出发，他们奋不顾身，对帝国主义侵略者进行了前仆后继的英勇斗争，表现出中华民族不甘屈服的反抗精神。

辛亥革命

爆发于清宣统三年（1911）的中国资产阶级民主革命。因以干支纪年为辛亥年，故名。辛亥革命是在清朝统治阶级日益腐朽，帝国主义侵略进一步加深，中国民族资本主义初步成长的基础上发生的，目的是推翻帝国主义掌握的工具清王朝的专制统治，挽救民族危亡，争取国家的独立、民主和富强。领导和发起者是中国资产阶级的政党中国同盟会及其领袖孙中山。这次革命，由于帝国主义和中国买办、地主阶级的反对，迅速失败了。但是，它结束了长达两千年之久的君主专制制度，促进了民主精神在中国的高涨，是中国历史上一次伟大的革命运动。

革命的准备 19世纪末，进入帝国主义阶段的资本主义列强，不仅掌握了中国的经济命脉，也逐步控制了中国的政局。在帝国主义和封建势力的严重阻遏下，中国人民为改变国家面貌而发动的戊戌变法和义和团运动相继失败。为了缓和人民的仇恨情绪，清政府自光绪二十七年（1901）起，陆续实行练新军、废科举、设学堂、奖游学、办企业、设商会以及"预备立宪"等"新政"。但新政的真正目的在于强化封建专制统治，编练一支掌握近代枪炮的新军。因此，"新政"非但未达到预期目的，反而因筹措庞大的练兵费用和对帝国主义的巨额赔款，加重了人民的负担，激化了社会矛盾。光绪二十七年以后，各地农民的反清武装起义此起彼伏。但在20世纪初期的历史背景下，自发的、分散的旧式农民起义已不能完成推翻清王朝并进而建立民主共和国的任务，历史呼唤新的阶级力量登上政治舞台。当时，伴随着中国民族资本主义的发展，虽然弱小但却代表着新的生产方式的阶级——民族资产阶级已经形成。它既受帝国主义、封建主义的压迫，又与之保持着千丝万缕的联系。其上层部分封建性较强，政治上怯懦、保守，中下层部分封建性较弱，革命要求较为强烈。与此同时，由于奖游学、兴新学和新学书报的出版，一个不同于封建知识分子的新型知识阶层随之出现。他们中的不少人政治上比较敏锐，爱国热情充沛，又不同程度地拥有近代科学文化知识，易于接受和形成民主主义思想，其先进分子的呼声，往往代表或反映了民族资产阶级的政治利益。资产阶级革命派最初主要是从这批新型知识分子中产生出来的。

资产阶级革命派的代表人物是孙中山。光绪二十年十月（1894年11月），孙中山在檀香山的华侨中成立了政治小团体兴中会，其宗旨

在于"振兴中华，维持国体"。此后孙中山的革命活动，一直得到华侨的有力支持。光绪二十一年二月（1895 年 2 月），孙中山在香港建立兴中会总部，规定誓词为"驱除鞑虏，恢复中国，建立合众政府"，鲜明地提出了中国资产阶级民主革命的第一个纲领。兴中会的成立，标志着中国资产阶级民主革命运动的开始。

20 世纪初，资产阶级民主革命运动显示出活跃的势头。留日学生创办的《开智录》上首先出现排满字样。《国民报》则明确主张颠覆清政府。光绪二十九年，东京留学生界思想愈益活跃，《湖北学生界》《浙江潮》《江苏》等宣传民族主义、民权学说的刊物相继出版。上海知识界也出现了新气象。光绪二十八年上海成立了以造成"共和的国民"为目的的中国教育会，接着又在中国教育会支持下成立了爱国学社，学社师生们在演说会上公开倡言革命。

促使知识阶层进一步革命化的是拒俄事件。光绪二十九年，为反对俄国破坏从东北撤兵的条约，上海举行"拒俄"集会，东京留学生组织拒俄义勇队（后改名军国民教育会），拒俄运动迅速在北京、武汉、广州等地得到响应。清政府下令镇压，青年知识分子愤而转向革命。上海《苏报》呼吁人们推翻清朝统治，并发表介绍邹容《革命军》的文章和章炳麟的《驳康有为论革命书》的摘要，引起社会巨大震动。清政府勾结租界当局查封《苏报》，监禁章炳麟和邹容，造成轰动一时的《苏报》案，激起人们的强烈愤恨。

组织革命团体，是资产阶级、小资产阶级知识分子走向革命化的一个重要标志。光绪二十九年十月（1903 年 11 月），从东京回国的军国民教育会成员黄兴组织两湖学生在长沙建立了革命团体华兴会。光绪三十年六月（1904 年 7 月），两湖进步学生又在武昌组织了科学补习所。同年 11 月，上海成立了由军国民教育会暗杀团发展而成的光复会，会长蔡元培。与此同时，江苏、四川、福建、江西、安徽等省也都建立了名目不同的革命团体。

随着资产阶级革命运动的发展，成立全国革命领导中心的要求愈益迫切。光绪三十一年六月（1905年7月），孙中山、黄兴、陈天华等七十余人在东京集会，决定成立中国同盟会，把分散的革命力量联合起来，兴中会、华兴会、光复会以及其他小团体的成员陆续加入进来。七月中旬，孙中山在留学生欢迎会上发表了《中国应建设共和国》的演说。七月二十四（8月20日），同盟会召开成立大会，孙中山被推为总理，黄兴被推为执行部庶务，会议确定了"驱除鞑虏，恢复中华，创立民国，平均地权"的十六字纲领。十月，同盟会机关报《民报》出版，孙中山在发刊词中首次提出了民族、民权、民生为核心内容的三民主义。

同盟会的三民主义是比较完整的中国资产阶级民主革命的政治纲领。民族主义，矛头主要指向出卖中华民族权益、实行种族歧视和压迫的满洲贵族，也包含着反对帝国主义侵略、要求民族独立的爱国主义内容。民权主义要求通过国民革命，建立民国政府，国民一律平等；总统由国民公选，议会由民选议员组成；制定中华民国宪法，人人共守。民生主义，其主要内容为平均地权，即核定地主土地的现价，将来经济发展、地价上涨时，现价仍为地主所有，增价部分则收归国有，为国民共享。平均地权的提出，主观上企图避免在中国再现欧美资本主义社会的贫富对立，带有浓厚的主观社会主义色彩，客观上具有为资本主义发展开辟道路的意义。三民主义的缺陷主要是没有明确的反帝思想。中国的资产阶级革命家力图在不和帝国主义发生正面冲突的条件下进行革命。同样，它也没有切实可行的消灭封建土地制度、满足农民土地要求的方案。平均地权试图解决的主要是资本主义高度发展下的城市土地问题。

代表资产阶级上层政治利益的

改良派，不愿意从根本上触动封建制度，反对暴力革命。戊戌维新运动失败后，康有为、梁启超流亡海外，仍以保皇相号召。《民报》创办后即同梁启超主编的《新民丛报》展开论战。论战围绕"种族革命""政治革命""社会革命"三方面进行，涉及要不要推翻清政府，要不要建立共和政体，要不要实行平均地权，革命是否会引起瓜分和内乱等问题。辩论结果，革命派占据上风，改良派的政治影响大为衰落。但革命派过分集中了对种族问题的注意，单纯宣传反满，无形中忽略了帝国主义、封建主义这两个中国革命的主要敌人。

在进行论战的同时，革命派积极发动了多次武装起义。如光绪三十二年十一月（1906 年 12 月）萍浏醴起义，光绪三十三年黄冈、惠州七女湖、安庆、防城、泸州、成都、镇南关起义，光绪三十四年钦州、河口、安庆起义。这些起义大多以会党为主力。宣统二年同盟会南方支部改变方针，组织了广州新军起义。宣统三年三月（1911 年 4 月）黄兴领导了广州起义。这几次起义虽然都失败了，使同盟会的精华遭到重大损失，却有力地冲击了清王朝的反动统治，扩大了革命影响。

与资产阶级革命运动同步发展的，是多达千余次的自发的群众斗争，抗捐抗租、罢工罢市、抢米骚动和反对教会压迫等风起云涌。这些斗争为辛亥革命的爆发创造了广泛的群众基础。同一时期，民族资产阶级中的一部分，因切身利益与帝国主义发生矛盾，参加并领导了收回路矿权运动和抵制美货运动。光绪三十年，鄂、湘、粤三省人民发动反对清政府出卖粤汉路建筑权的斗争。光绪三十一年，为反对美国统治集团虐待华工，由上海总商会倡导，21 个通商口岸的商会响应，掀起了全国规模的抵制美货运动。运动中提出了"伸国权而保商利"的口号，表明了民族资产阶级的阶级自觉大为提高。此后各地收回利权运动逐渐进入高潮。光绪三十二年，山西、山东、四川人民为保卫矿权，分别成立了保晋公司、保矿会和江合公司；江浙人民要求自办苏杭甬铁路。光绪三十四年至宣统二年，安徽、河南、云南等省人民继续掀起保矿斗争。

为了消弭革命，拉拢资产阶级，清政府被迫做出一些开明的姿态。光绪三十一年六月（1905年7月），派载泽等五大臣出洋考察政治。光绪三十二年八月（1906年9月）宣布预备立宪。光绪三十三年八月至九月（1907年9—10月），下诏筹设资政院和咨议局，允许资产阶级可以通过选举取得向清政府提出建议等部分权利。上层资产阶级从中看到了希望。他们纷纷成立预备立宪公会、宪政筹备会、宪政公会、粤商自治会等立宪团体，从事君主立宪活动，准备参与政权。他们被称为"立宪派"。康有为、梁启超也分别在海外成立国民宪政会、政闻社，准备回国参加政治活动。但是，满洲亲贵们关心的是"皇位永固"，对立宪并不热衷。

光绪三十四年八月（1908年8月），清政府颁布《钦定宪法大纲》，规定"大清帝国万世一系"，同时宣布预备立宪以九年为期。不久，光绪帝和实际掌握政权近半个世纪的慈禧太后相继去世，3岁的溥仪即皇帝位，改元宣统。摄政王载沣采取集权措施，积极推行由皇族独揽国家大权的政策。汉族军机大臣袁世凯被罢斥，满洲亲贵和汉族官僚地主之间的矛盾加深。宣统二年，由各省咨议局代表组成的国会请愿同志会在北京连续发起国会请愿运动，要求清政府速开国会。当第四次请愿活动展开后，清政府以"聚众要挟"为名，实行镇压。请愿活动被迫停止。宣统三年四月（1911年5月），清政府发布内阁官制，成立以庆亲王奕劻为总理的"皇族内阁"。立宪派分享政权的希望完全落空。他们对清廷的顽固态度从愤懑发展到绝望，少数人抛弃立宪的幻想，对革命活动开始表示同情。

革命的客观条件日趋成熟，同盟会的领导却发生了愈来愈严重

的危机。少数同盟会员反对孙中山，一再掀起"倒孙风潮"。光绪三十三年，张百祥等在东京组织共进会以联络会党，把同盟会的"平均地权"改为"平均人权"。宣统二年陶成章、章炳麟等在东京重建光复会，实际放弃同盟会宗旨。宣统三年闰六月（1911年7月），宋教仁、谭人凤等在上海成立同盟会中部总会，把武装起义重点转向华中一带，它的成立填补了同盟会的领导空缺，使长江流域的革命力量有所加强，但未能从根本上改变同盟会领导力量的涣散状态。在革命的主观条件准备不足的情况下，各地尤其是华中地区一些基层革命团体深入的组织发动工作和许多革命党人的实际活动，有力地推动了革命的爆发。

革命的爆发　进入宣统三年，革命的形势愈益成熟。四月，清政府唯帝国主义之命是从，颁布铁路国有上谕，宣布各省商办干路一律收回，随即同英、德、法、美四国银行团签订了借款合同，将从中国人民手中夺得的权利拱手献给了帝国主义。此举立即引起全国人民的愤怒。与铁路国有直接相关的湖北、湖南、广东、四川等省人民强烈反对出卖路权，掀起了轰轰烈烈的保路运动。四川保路运动尤为波澜壮阔。至六月，重庆、郫县、江津、温江等地成立保路同志协会近七十个，会员数十万人，成都召开数万人的保路大会，散发传单，号

武昌中和门（起义开始后，南湖炮队进驻中和门，开炮轰击湖广总督署。此后，中和门即称起义门）

召罢市罢课、停纳捐税以示抗议。七月，保路风潮扩展为全省抗粮抗捐，群众暴动接连发生。四川总督赵尔丰在成都逮捕保路同志会和川路股东会的负责人，并枪杀请愿群众数十名，造成流血大惨案。同盟会员龙鸣剑等和哥老会组成保路同志军进围成都，转战各地，攻城夺地，猛烈冲击清政府在四川的统治。

四川保路运动成为辛亥革命的导火线。运动的迅速发展，引起全国局势动荡，革命党人受到鼓舞，在各省积极准备起义。汉口革命党人主办的《大江报》发表社论，公开号召人民起来革命。在清政府全力应付四川保路运动的时候，湖北新军中的文学社和共进会等革命团体乘机发动武昌起义，揭开了辛亥革命轰轰烈烈的一幕。

长期以来，武汉革命党人坚持了扎实细致的革命宣传和组织工作，在各界群众特别是新军中聚集了雄厚的革命力量。到起义前夕，驻武汉的一万五千多新军士兵中，已有六千人参加了文学社和共进会。宣统三年八月（1911年9月）下旬革命党人感到形势紧迫，召开文学社、共进会联席会议，决定于中秋节（10月6日）发动起义，后由于形势瞬息变化，起义推迟。八月十八（10月9日），在预定起义的那一天，共进会负责人孙武在汉口装配炸弹，不慎爆炸，湖广总督瑞澂下令闭城搜查，汉口和武昌的起义指挥机关遭到破坏，一些起义的领导人被捕、被杀或避匿。在这种情况下，新军各标营中革命士兵深感形势严重紧急，开始主动行动，起义终于爆发了。十九日晚七时左右，武昌城外塘角的辎重营和城内工程第八营几乎同时发动，各标营继起，经一夜苦战，二十日晨革命军占领总督署，全城光复，首义成功。汉阳、汉口也先后为革命军占领。二十日，起义士兵聚集到湖北咨议局，在咨议局议长汤化龙等人的参与下，宣布成立中华民国军政府鄂军都督府，即湖北军政府。革命党的领袖们未亲身参加起

义，缺乏政治经验的起义士兵们对自己掌握政权没有信心，清湖北新军协统黎元洪在革命士兵的枪口逼迫下做了这个刚建立的湖北军政府的都督。军政府随即发布各种文电，宣布清政府对内专制独裁、对外出卖主权的罪行，号召各省揭竿而起，推翻清朝，建立民国。九月，湖北军政府公布《中华民国鄂州约法》。它是全国第一个按照资产阶级民主原则拟定的地方宪法。在中央革命政府成立前，这部约法具有国家根本法的性质，对起义各省军政府具有指导作用。这个时期的湖北军政府，虽受到立宪派和封建官僚的阻挠破坏，基本上是一个资产阶级共和制的省级政权。

武昌起义的胜利，在全国产生了连锁反应，各省革命党人纷纷行动起来。最先起来响应的是湖南。九月初一日，同盟会员焦达峰率湖南新军在长沙城外宣布起义，攻入巡抚衙门，焦达峰被推为湖南军政府都督。月底，湖南立宪派发动兵变，焦达峰被杀，原咨议局议长谭延闿掌握政权，担任都督。与湖南响应的同一天，陕西革命党人率领新军士兵在西安起义，次日占领全城，新军军官、同盟会员张凤翙被推为秦陇复汉军大统领（后改都督），组织陕西军政府。初二日，九江新军起义，月底光复南昌，江西军政府建立。初八日，太原新军起义，新军标统、同盟会会员阎锡山担任山西军政府都督。初九日，

武昌起义军胸章

昆明新军起义，次日攻占督署，参加起义的新军协统蔡锷被推举为云南政府都督。十三日，同盟会会员陈其美、光复会会员李燮和发动上海起义，陈其美被举为沪军政府都督。十三日夜，贵州新军起义，革命党人杨荩诚被推为都督。十四日晚，杭州新军起义，立宪派汤寿潜为浙江军政府都督。十五日，江苏巡抚程德全由于形势所迫，在苏州宣布和平独立，任共和政府都督。十七日，广西立宪派宣布和平独立，以前巡抚沈秉为都督。十八日，安徽咨议局在安庆宣布和平独立，原巡抚朱家宝为都督。十八日晚，福州新军起义，次日占领省城，新军统制孙道仁任福建军政府都督。十九日，在各路民军进逼省城的情况下，广州绅商各界在咨议局宣布独立，举两广总督张鸣岐为都督，张逃匿，推同盟会会员胡汉民为广东军政府都督。正处在保路同志军活动高潮中的四川，九月十五日，同盟会会员、新军排长夏之时在简阳起义，东进重庆。十月

初二日，会合重庆党人张培爵成立蜀军政府，以张为都督。初七日，四川总督赵尔丰表示愿意让出政权，在成都成立四川军政府，以咨议局议长蒲殿俊任都督。

至此，全国宣告独立、脱离清政府的省、地区就有14个。北方未独立各省，有的地方清王朝统治较强，如直隶、山东、河南；有的远在边陲，革命党势力较弱，如新疆、奉天。那些省份也不平静，革命党仍然组织了一系列武装起义。武昌起义和各省响应的局面是同盟会长期以来积蓄力量、艰苦奋斗的结果。在清政府严酷统治下，同盟会选择了武装起义的方针，坚持不懈，百折不挠。大批同盟会会员在各省区深入新军，联络会党，建立分支机构，积极为武装起义准备条件。已独立的省中，九个省是革命党人在省会发动武装起义实现独立的；江苏、广西、安徽、广东、四川五省采取了"和平独立"的形式，这是由于全国已处于革命高潮之中，当地武装起义的条件已经成

熟或接近成熟，立宪派和清朝官僚不得不转变态度，从权应变。所有这些，构成了辛亥革命的全貌。

武昌起义之后，立宪派纷纷表示赞成革命。这一变化，加速了清政府的崩溃，使得力量对比更有利于革命方面。但是革命派在新政权中很快表现出他们领导力量和地位的软弱性。他们或将武装起义夺来的政权拱手让给立宪派和旧官僚，或不能对靠"和平独立"建立的政权进行革命改造，以致在各省军政府内，革命派力量日渐削弱，立宪派和旧官僚的力量则不断膨胀。

广大人民群众在各省起义过程中表现了高昂的热情。新军士兵、会党群众、知识分子、工人、农民、城市贫民、海外华侨、爱国士绅、少数民族都作出了贡献。中国的政治生活出现了前所未有的沸腾局面。但是，革命党人以"中等社会"自居，不敢采取充分发动群众的方针。不少地区的农民在各地军政府宣布豁免清政府各种苛捐杂税

影响下，发动了以抗租为主要内容的斗争，但大都遭到镇压。资产阶级革命党人因而失去了农民这一强大支柱。

革命的胜利与失败　革命的胜利发展使清政府极为震惊，在政治上和军事上都显得手足失措。不久以前受到清政府排斥，在彰德韬晦的袁世凯在北洋军中有深厚的潜势力。由于南方新军纷纷倒向革命一边，北洋军是清政府唯一可以使用的军事力量。以张謇为首的立宪派对袁世凯也寄予厚望。尤其重要的是，袁世凯还得到帝国主义的有力支持。九月初六日，清廷起用袁世凯为钦差大臣，授予指挥湖北军事的全权。九月十一日，清军攻陷汉口。同日，摄政王载沣宣布解散"皇族内阁"，交出全部军政大权，以袁世凯为内阁总理大臣。

受命于危难之际的袁世凯懂得，单靠武力是镇压不了革命党人的。他在南下督师时，或屡函湖北军政府都督黎元洪，或派出代表到武昌，提出在实行君主立宪的条件

下同革命党人"和平了结"。黎元洪和黄兴、宋教仁等过高估计了袁世凯的力量和自身的困难，急于取得廉价的胜利，他们企图利用袁世凯和清朝贵族之间的矛盾，以大总统的位置动员他倒戈，把最终推倒清朝的希望寄托于袁世凯。十月初七日，汉阳为清军攻陷。帝国主义看到时机成熟，出面斡旋停战。十月十一日，在英国驻汉口代理总领事葛福撮合下，双方议定停战三日。此后又拟定《续停战条款》，规定双方派出代表讨论大局。停战是辛亥革命从武装斗争走向政治妥协的一个重要转折；而同意谈判，则打开了政治解决南北冲突的大门。二十八日，袁世凯的代表唐绍仪和革命军政府的代表伍廷芳在上海开始和谈。

中外反动派的营垒因袁世凯的出山得到加强。革命方面却妥协倾向日增。独立的各省形成了两个中心：武昌集团以黎元洪为首，上海集团以陈其美为首。双方都力争筹建临时政府的主动权。十月上旬，各省代表议决承认武昌为中华民国中央军政府，以鄂督执行中央政务。接着十四省代表会议在汉口英租界召开，筹备成立中央临时政府。十月十二日，江浙联军经过10天的奋战，攻克清两江总督、江南提督盘踞的南京。于是代表会议决定以南京为中央临时政府所在地。各省代表随即自武汉齐集南京。十一月初六日，同盟会总理孙中山自海外归来，对革命派内部的妥协倾向进行了斗争，但他无力改变总的趋势。初十日，十七省代表会议以16票的绝对多数选举孙中山为临时大总统。1912年元旦，孙中山到南京就职，发布《临时大总统宣言书》《告全国同胞书》等文件，正式宣告中华民国的诞生。1月2日，通电改用阳历。3日，选举黎元洪为副总统，确定临时政府组成人员。中华民国临时政府正式成立。28日，又成立南京临时参议院。

以孙中山为首的南京临时政府是资产阶级民主革命的产物，这个政府包括革命派、立宪派和旧官僚

三种政治势力。革命派在政府中居于领导地位。立宪派和旧官僚担任内政、实业、交通等部总长，拥有相当实力。在作为立法机关的临时参议院中，同盟会员占大多数，也有不少参议员是立宪派人士。独立各省的军政府多数为立宪派和旧官僚所操纵，南京临时政府和身为临时大总统的孙中山，对它们事实上不能行使中央政府的权力。革命派自身的弱点也更多地暴露出来。章炳麟宣传"革命军起，革命党消"的主张，就是这种弱点的一种反映。革命党的一些上层分子由于思想政治观点上的分歧，害怕革命深入引起社会动乱，或者热衷于争权夺利，和立宪派、旧官僚一起组成政治团体，如章炳麟、张謇、程德全等组成中华民国联合会，孙武、黎元洪组成民社，对同盟会和孙中山施加压力。孙中山的许多正确主张都遭到反对。

南京临时政府成立，袁世凯感到大总统的位置难于到手，立即撤销和议代表，造成谈判破裂的形势，迫使革命势力妥协。帝国主义列强拒不承认南京临时政府，并且制造外国干涉的紧张空气。北京公使团决定将中国各海关净存税款汇解上海，分存于汇丰、德华、华俄道胜等外国银行。这批偿还外债后本可动用的税款节余即"关余"因此被冻结。身任两淮盐政总理的临时政府实业部长张謇，坚决反对孙中山"挪用"盐税。临时政府可能得到的财源被堵死，只能向日本、美国、德国、俄国的财团接洽贷款，大多没有结果，陷入极为竭蹶的境地。在内外交困的情况下，孙中山被迫退让。1月22日，孙中山声明只要清帝退位，袁世凯宣布赞成共和，即向临时参议院推荐袁世凯为临时大总统。袁世凯得到孙中山的保证后，加紧逼迫清帝退位。2月12日，清朝皇帝终于接受中华民国对皇室的优待条件，正式退位。这样，统治中国260多年的清朝垮台了，延续两千多年的君主专制政体也随之结束。

2月13日，袁世凯向临时政

府正式声明赞成共和，孙中山向临时参议院辞职。孙中山辞职时提出定都南京、新总统须到南京就职和必须遵守《临时约法》3个条件，想以此对袁世凯加些限制。15日，临时参议院选举袁世凯为临时大总统。袁世凯的实力在北方，拒绝南下就职。孙中山派蔡元培为专使北上迎接，袁世凯表面上装腔作势，表示欢迎，暗地里却指使亲信部队在北京、天津、保定制造兵变；帝国主义也乘机调兵入京，制造紧张空气，以支持袁世凯。南京临时政府再次退让。3月10日，袁世凯在北京宣誓就任临时大总统。次日，孙中山公布《中华民国临时约法》，《临时约法》规定：中华民国主权属于全体国民；按照三权分立原则，以参议院、临时大总统、国务院、法院行使其统治权；人民一律平等，享有言论、出版、集会、结社等项自由，有请愿、选举、被选举等项权利。这个约法具有资产阶级共和国宪法的性质，是中国历史上的创举。25日，唐绍仪到南京接收临时政府，组织新内阁。该内阁中内政、陆军、海军、财政、外交等部均由袁世凯的亲信或拥护者担任，同盟会只分配到教育、农林、工商等几个点缀性的席位。4月1日，孙中山正式解除临时大总统职务。5日，临时参议院议决临时政府和该院迁往北京。至此，辛亥革命的成果被袁世凯所篡夺。辛亥革命失败了。

辛亥革命失败的原因主要在于中国民族资产阶级的软弱。辛亥革命要反对帝国主义和封建主义两大敌人，中国民族资产阶级既缺乏必要的决心和勇气，也缺乏相应的力量。这个阶级激进的代表——资产阶级革命派从出现至武昌起义，只不过是十来年的经历，各方面都还不够成熟。思想上，救亡排满的宣传淹没了反封建的民主主义宣传，对帝国主义存在着惧怕心理；组织上，同盟会未能成为一个坚强统一的司令部和战斗队；军事上，缺乏一支由自己掌握的有觉悟的部队；政治上，对立宪派和旧官僚丧失警

惕；阶级关系上，未能发动农民，形成强有力的民主革命大军。历史证明，中国民族资产阶级虽有发展民族资本主义的强烈愿望，却无力完成反帝反封建的民主革命任务。历史证明，帝国主义和封建势力的结合，是扼杀中国资产阶级民主革命的主要力量。

辛亥革命是近代中国比较完全意义上的资产阶级民主革命。它在政治上、思想上给中国人民带来了不可低估的解放作用。革命使民主共和的观点从此深入人心。中国人民长期以来进行的反帝反封建斗争，以辛亥革命作为新的起点，更加深入、更加大规模地开展起来。

二次革命

1913年7月，孙中山为维护中国民主共和制度，反对袁世凯专制统治而发动的武装起义。因其宗旨与两年前的辛亥革命一脉相承，被孙中山依次称为"二次革命"。

袁世凯继任临时大总统后，以宋教仁为代表的革命党人，一度幻想通过国会竞选，组织政党内阁，重掌国家政权。1912年8月，宋教仁推动同盟会与统一共和党等五政团合组为国民党，积极投入国会竞选。1913年3月，国民党以较大优势，赢得了选举的胜利。20日晚，宋教仁踌躇满志，准备以国民党代理理事长身份入京组阁，在沪宁车站被袁世凯收买的枪手击倒，延至22日不治身亡。孙中山与袁世凯的关系从此发生急剧变化。

宋案发生后，国民党人虽一致

谴责袁世凯的暴行，却未能对宋案善后处理形成共同决策。孙中山主张立即兴兵讨袁，黄兴则认为"南方武力不足恃"，主张法律解决。孙中山的武力讨袁计划，迟迟提不上日程。袁世凯利用国民党人的内部分歧，加紧战争准备。4月，与五国银行团达成2500万英镑的大借款，解决了战争费用问题。5月，命李纯第六师、王占元第二师进驻湖北兴国、田家镇、武穴、蕲春、孝感等地，控制了遣兵南下的必经之地湖北，对江西、安徽形成监视态势。6月，又先后下令罢免、撤换坚决反袁的李烈钧、胡汉民、柏文蔚的江西、广东、安徽都督职务，将国民党人逼向战争绝境。

孙中山面对袁世凯的战争威胁，决心冒险起兵，"一举去袁"。7月12日，李烈钧在孙中山动员下，在江西湖口首先举起讨袁旗帜，宣布江西独立，酝酿已久的二次革命终于爆发。15日，黄兴在南京率领第八师高级将领，胁迫江苏都督程德全委以江苏讨袁军总司

令名义，宣布江苏独立。随后，安徽、上海、广东、福建、湖南及重庆等省市也相继宣布独立，加入讨袁行列。其中江西、江苏两省为讨袁战争的主战场。江西宣布独立之日，讨袁军顺利攻占九江外围军事要地沙河镇，随后又在九江附近的金鸡坡炮台与袁军激战数日。7月16—19日，讨袁军在江苏徐州以北的利国驿、柳泉间与袁军展开拉锯战，迫使袁军退回利国驿，前锋一度追过运河。

但是，由于各地起兵仓促，战前准备严重不足，起兵后又无统一指挥，湘、粤、闽援军迟迟不发，战事很快陷入不利局面。在江西，袁军于7月25日占领湖口，8月18日占领南昌。在江苏，袁军于7月22日迫使讨袁军撤出徐州，退往南京。在上海，讨袁军屡攻制造局不克。黄兴见大局无望，于7月28日离宁出走，讨袁阵线全面崩溃，各地纷纷宣布取消独立。虽然南京第八师等部于8月11日重新举起讨袁旗帜，再次宣布南京独

立，并进行了南京保卫战，但终因寡不敌众，于 9 月 1 日失守，从而宣告了二次革命的最终失败。孙中山、黄兴、李烈钧等人遭到袁世凯通缉，被迫流亡日本。

二次革命失败后，袁世凯的专制统治进入一个无所顾忌的新阶段，以孙中山为首的革命党人对国家出路开始了新的思考和探索。

护国战争

中华民国初年反对袁世凯"洪宪帝制"的战争。1915 年 8 月，袁世凯策动杨度等人组织筹安会，公开鼓吹帝制。12 月，公然宣布承认帝位，准备 1916 年元旦正式登基。袁世凯复辟帝制的活动，激起了全国各阶层人民的坚决反对。孙中山组织中华革命党，从事反袁武装斗争。黄兴、李烈钧等人放弃"停止

革命"的错误政策，重新举起反袁旗帜。原进步党领袖梁启超及其学生蔡锷也走上了反袁道路。

筹安会出笼后，蔡锷赶到天津，与梁启超等人密商反对帝制事宜。9 月 3 日，梁启超在北京发表《异哉所谓国体问题者》一文，公开表示反对态度。蔡锷回到北京后，一面召集军界要人举行赞成帝制签名活动，一面密电云南将军唐继尧等速作反袁准备，并致信在美国的黄兴，报告他准备回云南发难，请予协助。11 月中旬，蔡锷以赴日治病为名离开天津。12 月 19 日，绕道日本经越南河内秘密回到昆明。22 日，唐继尧召开军事会议，议决立即兴师讨袁。23 日，唐继尧等向袁世凯发出最后通牒，要求取消帝制，惩办元凶，限 25 日上午 10 时以前答复。25 日，袁世凯拒不答复，唐继尧、蔡锷等通电全国，宣布云南独立，恢复民国元年旧制，由唐任都督。编云南陆军为护国军第一、二、三军，由蔡锷、李烈钧分任第一、二军总司

令，统兵出征；唐继尧兼任第三军总司令，留守云南，护国战争正式爆发。

护国军以夺取四川为首要目标。1916年1月中旬，蔡锷亲率护国第一军向四川进发，在川南与优势袁军展开激战，攻占叙州（今宜宾市）、江安、南溪、纳溪等地。1月27日，贵州刘显世响应云南独立后，一面派戴戡北援蔡锷，一面派王文华东进湘西，占领晃州、芷江、麻阳等地。2月21日，李烈钧率护国第二军进军广西，先后收复贩朝、剥隘、龙潭等地，并在友军配合下，于广西百色迫使从广西进犯云南的袁军缴械投降。3月15日，陆荣廷宣布广西独立，护国战争达到高潮。

袁世凯见大势已去，被迫于22日宣布取消帝制，命四川将军陈宧与蔡锷谈判议和，妄图退保总统地位。护国军坚持袁不退位，无调停可言。4月，广东、浙江先后宣布独立。5月8日，独立各省在广东肇庆成立中华民国军务院，否认袁世凯政府的合法地位。袁世凯内部分崩离析，段祺瑞、冯国璋拒绝合作，陕西、四川、湖南纷纷宣布独立。6月6日，袁世凯在恐惧和怨恨中死去。29日，继任大总统黎元洪宣布恢复《中华民国临时约法》和国会。7月14日，唐继尧通电撤销军务院，护国战争宣告结束。护国战争推翻了洪宪帝制，埋葬了袁世凯，具有革命进步意义。

护法战争

孙中山为维护《中华民国临时约法》，反对北洋军阀的独裁专制统治而发动的战争。1917—1922年先后进行两次。

第一次护法战争　1917年7月段祺瑞在张勋复辟失败后，再次出任总理，掌握北京政府实权，拒绝恢复《临时约法》和召集国会。孙

中山决定发动护法斗争。7月中旬，他同廖仲恺、朱执信、章炳麟等到达广州，提出护法的宗旨是打倒假共和，建设新共和。桂军和滇军的首领陆荣廷、唐继尧为抗衡段祺瑞的武力统一政策表示赞成，但企图加以控制，为其所用。北京政府海军总长程璧光也响应孙中山号召率第一舰队南下。8、9月间，到达广州的国会议员百余人召开国会非常会议，通过《中华民国军政府组织大纲》，决议成立中华民国军政府，选举孙中山为军政府海陆军大元帅。

护法军政府所统辖及响应护法的军队有湘、桂、粤军等约15万人以上，组成联军，10月在湖南与北洋军接战，开始了护法战争。11月护法联军转为优势，先后攻占长沙、岳阳。各省护法军纷纷响应。战场扩展到湖南、湖北、四川、广东、福建等省。11月下旬陆荣廷等暗中与直系军阀谋和，用内部改组的方法，剥夺孙中山的领导权。1918年2月26日，拥护孙中山的海军总长程璧光被暗杀。同年5月桂系操纵国会非常会议，用"总裁合议制"代替大元帅制，迫使孙中山辞去大元帅职务，离开广州。第一次护法战争宣告失败。

第二次护法战争 直系军阀在直皖战争后控制了北京政府的主要权力，推行武力统一政策，支持桂系军阀进攻首次护法战争中保留下来的闽南护法区。1920年8月驻闽粤军响应孙中山号召，回师广东讨伐桂系军阀。粤军占领广州后，孙中山于11月底回到广州，宣布

护法军政府旧址

1917 年 9 月 10 日，军政府举行海陆军大元帅孙中山就职典礼后留影

重建军政府，继续执行护法职务。1921 年 4 月，国会非常会议通过《中华民国政府组织大纲》，选举孙中山为非常大总统。6 月，孙中山命令粤、赣、黔、滇各军进攻广西，陆荣廷被迫下台，两广统一。12 月，孙中山到桂林组成大本营，准备抽调部队取道湖南北伐。当时陈炯明担任军政府内政兼陆军总长和粤军总司令兼广东省长。他暗中勾结直系军阀，反对北伐，准备推翻广州革命政权。孙中山决定以广东省境内的韶关为大本营，改道江西北伐，并免去陈炯明的部分职务。1922 年夏季，孙中山发动讨伐直系军阀的战争，6 月中旬攻占赣南重镇赣州城。在此关键时刻，陈炯明在直系军阀和英国支持下，发动了反对孙中山的武装叛乱。6 月 1 日，孙中山被迫从韶关回到广州。16 日，陈部炮轰总统府，欲置孙中山于死地。孙中山移至永丰舰坚持斗争，直到北伐军回师韶关失利。8 月 9 日，离粤赴沪，第二次护法战争又告失败。

北伐战争

中国国民党与中国共产党合作，为推翻帝国主义支持的北洋军阀的统治，领导国民革命军于1926—1927年间进行的革命战争。

辛亥革命后，各地军阀间连年混战，民不聊生。结束封建军阀的黑暗统治，已成为中国人民的迫切要求。然而，孙中山先后数次在广州成立护法军政府组织北伐，均未能如愿。在苏联援助下，孙中山于1924年1月改组国民党，联合共产党人，在广东创建黄埔军校，编组国民革命军。国共合作领导的全国工农革命群众运动的高涨，为北伐战争奠定了民众基础。1925年孙中山逝世后，广东国民政府继续北伐

汀泗桥战役战场遗址

准备。1926 年 1 月，国民党第二次全国代表大会提出打倒帝国主义，打倒军阀，统一全中国。2 月，中共中央特别会议确定从各方面准备北伐。6 月 5 日，国民党中央执行委员会临时全体会议通过迅速出师北伐案。

北伐战争的主要对象是消灭盘踞湘、鄂、豫等省的直系军阀吴佩孚，盘踞赣、闽、浙、皖、苏各省的军阀孙传芳，盘踞东北和京津地区的奉系军阀张作霖势力。这些军阀部队的总兵力七十五万余人。国民革命军有部队八个军十余万人，以蒋介石为总司令，其中许多高中级军官是共产党人。在苏联军事顾问的帮助下，国民革命军总司令部制定了集中兵力、各个击破的战略方针，以主力进军湘、鄂，首先消灭吴佩孚部，然后消灭孙传芳部，最后消灭张作霖部。1926 年 7 月 1 日，国民政府军事委员会颁布北伐动员令。9 日，国民革命军在广州誓师，标志着北伐战争正式开始。9 月 17 日，冯玉祥率部在绥远五原（今属内蒙古）誓师，组织国民军联军约五万人响应北伐。

进军湘鄂 战前，湖南省防军第 4 师师长唐生智拥护广州国民政府，在军阀赵恒惕的攻击下退守衡阳。广州国民政府委任唐生智为第 8 军军长，并派第 4 军及叶挺独立团等部入湘增援。国民革命军连战皆捷，于 7 月 11 日进占长沙。8 月 12 日蒋介石召开军事会议，决定乘吴佩孚主力在直隶（约今河北）进攻国民军，湖北兵力薄弱之机，以中央军攻取岳阳、平江，直指武汉，左翼军攻取湖北沙市、荆门，右翼军对江西方向警戒。8 月中下旬，国民革命军北渡汨罗江，攻占平江城，进入湖北境内作战。26 日凌晨，国民革命军第 4 军对汀泗桥发起进攻。激战一昼夜，守军全线溃退。29 日，第 4 军、第 7 军和叶挺独立团又对吴佩孚指挥 2 万余人固守的贺胜桥发起攻击，双方激战至 30 日上午，吴军全线溃败。9 月 1 日，国民革命军包围武昌城。城中吴军兵力雄厚，防守严密，加上

城墙工事坚固，两次攻城未果。国民革命军暂予封锁围困，加紧进攻汉阳、汉口。6日、7日，国民革命军第8军攻占汉阳、汉口，吴佩孚率残部北逃。10月10日，国民革命军终于攻占武昌城。

攻取江西 8月下旬，孙传芳调兵十万入赣，威胁国民革命军后方。国民革命军遂对江西转取攻势，分别出兵赣西、赣南和赣西北，进攻一度相当顺利，9月19日，首次攻占南昌城，但遭孙军优势兵力攻击而于21日退出。10月11日起，蒋介石下令再围攻南昌，不克。后国民革命军经调第4军入赣助战，第2、3、4、6、7军协同

作战，在南浔铁路消灭了孙军大量兵力，孙传芳见大势已去，逃往南京。11月4日，国民革命军攻占九江。8日，克复南昌。

进占福建 9月下旬，孙传芳为配合江西战场作战，令福建督理周荫人部进袭粤东。10月中旬，留守广东的第1军趁湘、鄂、赣战场的大好形势，转守为攻，进占福建上杭、长汀。国民革命军又派第14军第2师由赣入闽，配合第1军连占漳州、同安、泉州、莆田等地。不久，第2军第6师也由赣入闽，切断了周部与孙传芳的联系。12月，驻闽海军起义。9日，国民革命军占领福州。

会攻南京 孙传芳在鄂、赣战场失败后，与奉军组成安国军，张作霖为总司令，部署以奉军一部入河南，张宗昌部入苏、皖，孙传芳自率残部八万余人部署于沪

1926年10月，武汉各界欢迎国民革命军大会会场一角

宁、沪杭铁路沿线及皖南地区。国民革命军总司令部为了肃清长江中下游之敌，于1927年1月上旬组织三路大军：中央军由蒋介石指挥进攻皖、苏，主攻南京；东路军由何应钦指挥，由赣、闽入浙，夺取杭州、上海；西路军由唐生智指挥，由鄂入豫，牵制北面之敌。2月中旬，东路军在击败桐庐、诸暨、富阳等地敌军后，占领杭州，接着开始进攻淞、沪。3月21日，中共领导上海工人举行第三次武装起义，经过30多个小时激战占领上海，第1军一部乘机进入上海市区。与此同时，中路军沿长江两岸推进，先后占领安庆、庐州、芜湖等地，于3月20日开始总攻南京，与孙军激战3日后，控制全城。

挥师河南　在北伐战争节节胜利的形势下，以蒋介石为首的国民党右派与帝国主义势力勾结起来，准备背叛革命。4月12日，蒋介石在上海发动反革命政变，18日在南京另立国民政府，与武汉国民政府相对立。19日，武汉国民政府誓师继续北伐，进军河南。唐生智部五万余人从驻马店地区沿京汉铁路北进；冯玉祥也率部由潼关出发向河南进军。时入豫奉军约十万人，分守西平以北及开封、郑州、洛阳等地。唐部在临颍歼灭奉军万余，冯部也攻克洛阳等地。6月1日，两部在郑州会师，次日占领开封。奉军败退冀、鲁，吴佩孚带领少数卫士逃往四川。7月15日，汪精卫等控制的武汉国民党中央召开"分共"会议，决定同共产党决裂，彻底背叛孙中山制定的国共合作政策，随即与蒋介石合流，使国共合作进行的北伐战争中途夭折。

北伐战争基本消灭了军阀吴佩孚、孙传芳的军队，重创了军阀张作霖的军队，沉重打击了北洋军阀的统治，推动了中国革命的历史进程。国民革命军先向兵力较薄弱的湘、鄂进兵，消灭吴佩孚军队，随后引兵东向，消灭孙传芳部队，最后北上解决实力最雄厚的张作霖军。作战中发挥长驱直入、运动歼敌、穷追猛打、速战速决、英勇顽

强、连续作战的作风，能审时度势，灵活用兵，保持战争主动权；分化瓦解敌军，补充扩大自己。这次战争中途夭折的教训，使共产党人和中国人民深刻认识到建立无产阶级军队，开展武装斗争的极端重要性，从而开始走上创建中国工农红军，进行土地革命战争，以农村包围城市，武装夺取政权的崭新革命道路。

南昌起义

土地革命战争时期，中国共产党领导部分国民革命军在江西南昌举行的武装起义。

1927年4月和7月，中国国民党内的蒋介石集团和汪精卫集团相继叛变革命，残酷屠杀共产党人和革命人民，国民党与共产党的革命统一战线彻底破裂，国共两党合作进行的大革命归于失败。中共中央于7月13日发表宣言，决心领导中国人民把反帝反封建的民主革命进行到底。下旬，决定将自己掌握和影响的部队集中到南昌举行武装起义，然后南下广东，会合工农革命力量，重建广东革命根据地，再次北伐；并决定成立以周恩来为书记，李立三、恽代英、彭湃为委员的中共中央前敌委员会，领导南昌起义和起义后的斗争。

7月27日，周恩来到达南昌，与国民革命军第20军军长贺龙、第11军副军长叶挺、曾任第3军军官教育团团长的朱德、中共中央军事部派出的刘伯承等进行起义的准备工作。

8月1日2时，在周恩来、贺龙、叶挺、朱德、刘伯承的组织领导下，国民革命军第二方面军第11军第10、第24师，第20军，第五方面军第3军军官教育团一部和南昌市警察武装，在南昌起义。起义军对驻南昌的第五方面军警备团等留守部队发起进攻，激战至拂晓，全歼守军三千余人，控制了南昌城。当日下午，驻九江马回岭的第二方面军第4军第25师两个多团，在中共中央军事部派到25师工作的聂荣臻和25师第73团团长周士第的率领下起义，2日到达南昌集中，起义军共两万余人。起义成功后，中共中央前敌委员会采取了下列措施：以"左派国民党"中央委员名义发表宣言，历数国民党反动派叛变革命的罪行，表示继续革命的斗争决心；组织"中国国民党革命委员会"，同武汉和南京国民党反动政府对抗；由周恩来、贺龙、叶挺、刘伯承等组成革命委员会参谋团，作为军事指挥机关，刘伯承任参谋长；起义军仍沿用国民革命军第二方面军番号，贺龙兼任代总指挥，叶挺兼任代前敌总指挥，辖第11、第20、第9军。第11军叶挺任军长，聂荣臻任党代表，辖第10、第24、第25师；第20军贺龙任军长，廖乾吾任党代表，辖第1、第2、第3师；第9军朱德任副军长，朱克靖任党代表。

南昌起义爆发后，武汉国民党政府急令驻江西部队进攻南昌。前敌委员会根据中共中央原定计划，命令起义军于8月3日开始撤离南昌，沿抚河取道赣南，南下广东。革命委员会随军行动。8月中旬，南京国民党政府判明起义军南下广东的意图，即令驻广东的第8路军截击。8月25日至9月2日，起义军在瑞金、会昌地区与第8路军激烈战斗，虽击败当面之敌，但自身受到较大伤亡，加之此前第10师等部叛逃和部分人员离队，全军仅剩一万余人。此后，起义军取道闽西长汀进入广东东江地区。第25师等部留守大埔三河坝，掩护主力南进。9月23日，主力进占潮安（今潮州）、汕头地区；月底至10月4日，与第8路军一部激战于流沙（今普宁）地区，终因寡不敌众而失败。中共中央前敌委员会和革命委员会解散，第24师余部一千三百余人在第70团团长董朗率领下，退到海、陆丰地区，参加当地中共组织领导的武装斗争。留

守三河坝的第25师在给第8路军另一部以打击后向潮州转移，7日在饶平县境得悉主力已失败，遂经闽粤边界转进赣南。这部分起义军经朱德和第73团政治指导员陈毅、第74团参谋长王尔琢整编，保存了八百余人的队伍。后参加湘南起义，并于1928年4月到达井冈山革命根据地，同毛泽东领导的湘赣边界秋收起义部队会合。

南昌起义打响了武装反抗国民党反动派的第一枪，标志着中国共产党独立领导人民创建军队，开展武装斗争的开始。南昌起义保存下来的部队，成为中国工农红军的骨干之一。8月1日，后来成为人民军队的建军节。

湘赣边界秋收起义

土地革命战争时期，中国共产党领导一部分工人、农民和革命军人在湖南、江西两省边地区举行的武装起义。

1927年4月和7月，国民党内的蒋介石集团和汪精卫集团相继叛变革命，残酷屠杀共产党人和革命人民，国民党与共产党的革命统一战线彻底破裂，国共两党合作进行的大革命归于失败。中国共产党决定举行南昌起义和发动湖南、湖北、广东、江西等省农民秋收起义，独立进行革命武装斗争。8月7日，中共中央在汉口召开紧急会议，纠正陈独秀右倾机会主义错误，决定实行土地革命和武装起义的方针。会后，指定中央临时政治局候补委员毛泽东及彭公达分别任中央特派员和湖南省委书记，到湖南改组省委，领导秋收起义。

8月中、下旬，改组后的中共湖南省委经反复讨论，决定集中力量组织以长沙为中心，包括湘潭、醴陵、浏阳、平江、岳阳、宁乡和江西安源7县（镇）在内的武装起义。同时决定以易礼容为书记组成省委行动委员会，领导上述各县农民起义；以毛泽东为书记组成省委前敌委员会，领导聚集在安源、铜鼓、修水地区的党所掌握的武装力量举行起义，并率部在农民起义军配合下夺取长沙。9月上旬，毛泽东到安源、铜鼓，向当地中共组织和各级领导人传达八七会议精神和湖南省委的秋收起义决定，并将边界地区五千余人的武装力量编为工农革命军第1军第1师，下辖3个团：国民革命军第二方面军总指挥部警卫团大部、平江工农义勇队、湖北崇阳与通城农民自卫军合编为第1团；安源工人纠察队、矿警队和安福、永新、莲花、萍乡、醴陵部分农民自卫军合编为第2团；以

警卫团1个营和浏阳工农义勇队合编为第3团。原警卫团团长卢德铭任总指挥，副团长余洒度任师长，并拟订了分三路向长沙攻击的起义计划。

9月9日，中共湖南省委行动委员会组织部分农民开始破坏长沙至岳阳和长沙至株洲的铁路，割断国民党军的交通联系。11日，毛泽东率领工农革命军第1军第1师按计划起义。但各团进入湘东北后均受挫折，第1团损失两百多人，第2团在国民党军反攻下溃散，第3团被阻于浏阳东门市。在此情况下，毛泽东于17日命令各团停止进攻，转到浏阳文家市集中。19日，工农革命军第3团全部、第1团余部和第2团零散人员到达文家市。当晚，中共湖南省委前委鉴于湘东各县未能举行大规模农民起义和长沙国民党军已有戒备的情况，根据毛泽东的意见，决定放弃进攻长沙计划，部队立即脱离国民党军力量较强的平江、浏阳地区，沿湘赣边界南下湘南，寻求发展。

20日，工农革命军撤离文家市向南转移。25日晨，在萍乡芦溪遭到江西国民党军一部袭击，卢德铭牺牲，部队受到重大损失。29日，工农革命军进到江西永新三湾村，所剩已不足一千人，思想混乱。当晚，毛泽东主持召开前委会议，决定对部队进行改编，缩编为1个团，将中共的支部建在连上，实行民主制度等。三湾改编后，工农革命军进入宁冈古城。毛泽东与当地共产党组织以及井冈山农民武装首领袁文才、王佐取得联系，并得到他们的帮助，安置了伤病员。10月中旬，部队进到湖南酃县（今炎陵）水口，发现湘南国民党军力量强大，原定在湘南求发展的计划不能实现。毛泽东率部转进遂川，于下旬到达井冈山茨坪。此后，在井冈山地区开展游击战争，创建革命根据地。

湘赣边界秋收起义首次公开打出中国共产党的旗帜，进一步表明共产党独立领导人民武装革命的决心。这次起义保存的力量，后来成为中国工农红军的骨干之一部分。工农革命军向农村进军，代表着当时中国革命斗争发展的正确方向。

广州起义

土地革命战争时期，中国共产党在广州领导工人、农民和革命士兵举行的武装起义。

广州是大革命的策源地，工农运动曾有很大发展，中国共产党在这里有广泛的政治影响。1927年4月12日蒋介石在上海发动反革命政变后，国民党广东当局亦在广州屠杀共产党人和革命人民，实行白色恐怖。中共广东省委员会领导工农群众进行了顽强斗争。

9月中旬，武汉国民政府张发奎的第2方面军第4军，乘南京国民党政府李济深的第8路军在广东东江地区进攻南昌起义军之际，从南昌进至广州，争夺广东地盘。中共广东省委员会利用张、李之间的矛盾，在广州积极恢复发展共产党的组织和工会、农会，工农运动日趋活跃。广东其他地区的农民斗争也有恢复和发展。在海丰、陆丰地区的工农革命军第2师和农民自卫军及农民群众，于10月30日举行起义，接着占领了海丰、陆丰两县全境，并分别成立了苏维埃政府。这对广州工农群众和革命士兵鼓舞很大。

张发奎部在广州站稳脚跟后，于11月17日对李济深部发动突然袭击，将李部势力驱逐出广州。广东局势骤然紧张。李济深之黄绍竑部很快集中兵力于广西梧州地区，准备向广州进攻；陈铭枢部由东江地区也乘机向广州推进。在此情况下，张发奎连忙将其主力集中于广州以西的肇庆地区对付黄绍竑部，以另一部置于广州以东的石龙地区对付陈铭枢部。此时，张发奎在广州的部队，仅有第4军军部、教导团、警卫团、新编第2师第3团和担负训练任务的炮兵团以及警察武装，其中第4军教导团战斗力较强。教导团和警卫团一部为共产党掌握。另外，李福林第5军军部和少数部队在珠江南岸驻守。

11月26日，中共广东省委根据中共中央关于利用各地军阀混战，发动新的武装起义和建立工农兵政权的指示，抓住张发奎部与李济深部之间的矛盾，趁张部在广州兵力薄弱的有利时机，决定组织教导团和警卫团一部以及工农武装举行广州起义。接着，成立了革命军事委员会，中共广东省委书记张太雷为委员长；成立了起义军总指挥部、参谋部，叶挺任总指挥，叶剑英任副总指挥；在第4军教导团、警卫团的官兵中和工人群众中进行了组织动员工作，并将工人赤卫队组成7个联队和两个敢死队，周文雍为总指挥。起义原定于12月12日晚举行。由于起义计划被汪精卫、张发奎察觉，张准备解散教导团，宣布对广州实行戒严，并调其远离广州的主力部队赶回广州。在此紧急情况下，中共广东省委决定

提前到 11 日举行起义。

12 月 11 日 3 时许，起义开始。在张太雷、叶挺、恽代英、叶剑英、杨殷、周文雍、聂荣臻等人的领导下，教导团和警卫团一部及工人赤卫队三千余人，分别向广州市各要点发起突然攻击，首先歼灭了驻城东北的沙河、燕塘之炮兵团等部，接着攻占了市公安局和国民党广东省政府，并控制了制高点观音山（今越秀山）及八旗会馆。市郊芳村、西村等地的农民，共约两万人也同时起义，配合起义军作战。经过 10 余小时的战斗，除第 4 军军部、军械库和第 12 师后方办事处等以外，珠江以北广州市区的国民党军及保安队大部被歼，起义军缴获各种炮 20 多门，各种枪 1000 余支。当日上午，广州苏维埃政府宣告成立。中共中央政治局常委苏兆征为主席（在苏未到广州前，由张太雷代理），并发布宣言和各项法令，确定了建立工农革命军和实行土地革命等项任务和政策。

广州起义使国民党和帝国主义受到很大震动。12 日，张发奎指挥从江门、肇庆、韶关调回的约 3 个师及驻守广州珠江南岸的李福林部，在英、美、日、法帝国主义的军舰和陆战队的支援下，从南、西、北三面向起义军反扑。起义军同国民党军进行了浴血奋战，遭受严重损失，张太雷不幸牺牲。起义军余部一千余人于 13 日晚被迫撤出广州，后在花县编为工农革命军第 4 师，经从化、紫金等地进至海丰、陆丰县境，加入了东江地区的革命斗争。另有少数人员撤往北江地区，加入了朱德、陈毅率领的南昌起义军余部。

广州起义，是中国共产党和中国人民继南昌起义、秋收起义之后，对国民党反动派的又一次英勇反击，是在城市建立苏维埃政权的大胆尝试。这次起义虽然失败了，但是起义军和工农群众的英勇战斗、不怕牺牲的革命精神，给中国人民以新的鼓舞，保留下来的部分起义武装，壮大了广东东江地区的革命力量。

抗日战争

中国各族人民抗击日本帝国主义侵略的民族解放战争，它是世界反法西斯战争的重要组成部分。

日本制造局部侵华事变，中国军民在东北、上海等地奋起抵抗 1931年9月18日，日本关东军蓄意炸毁沈阳北郊柳条湖附近铁路路轨，反诬中国军队所为，以此为借口，向驻沈阳北大营的中国军队进攻，制造了震惊中外的九一八事变，发动局部侵华战争。以蒋介石为首的国民党政府对日本的侵略采取不抵抗政策，近二十万东北军陆续退入山海关内。日军迅速占领辽宁、吉林、黑龙江3省。1932年3月，日本扶植清朝废帝溥仪为执政，成立"满洲国"伪政权。东北三省沦为日本的殖民地。

九一八事变后，中国共产党代表全民族的利益，连续发表宣言和作出决议，坚决反对日本帝国主义的侵略，号召全国人民"以民族革命战争，驱逐日本帝国主义出中国"，并派遣大批干部加强中共满洲省委，开展东北地区的抗日斗争。东北人民和东北军部分爱国官兵在中国共产党的影响、协助或领导下，激于民族义愤，违反国民党政府的不抵抗意志，纷纷奋起组织抗日义勇军，开展抗日游击战争。共产党以其直接领导的十余支游击队为基础，成立东北人民革命军。后团结、改造和吸收其他义勇军，于1936年改称东北抗日联军，部队发展到三万余人。东北抗日游击战争沉重打击了日本的殖民统治，推动了全国人民的抗日救亡运动。

1932年1月28日，日军又向上海发动进攻。中国第19路军及第5军等部队，在上海人民的大力支持下，奋起抵抗。1933年1月，日军攻占山海关。3月，侵占热河省（今属河北、辽宁省及内蒙古自治区），继而进犯古北口、喜峰口

等长城关隘，驻守长城防线的国民党军和长城内外的义勇军奋起抵抗。后冯玉祥、方振武、吉鸿昌等爱国将领在中国共产党的推动下，组织察哈尔民众抗日同盟军进行抗战。

1935年8月1日，中华苏维埃共和国中央政府和中国共产党中央委员会发表《为抗日救国告全体同胞书》（即《八一宣言》），郑重要求国民党当局停止内战，集中一切国力抗日救国。12月下旬，中共中央政治局在陕北瓦窑堡召开会议，明确提出党的基本策略就是"组织广泛的民族革命统一战线"。随后又逐步调整政策，将"抗日反蒋"改变为"逼蒋抗日"及至"联蒋抗日"。1936年12月12日，国民党军爱国将领张学良、杨虎城领导所部发动西安事变，以"兵谏"迫使蒋介石接受停止内战、一致抗日的要求。中共以国家民族利益为重，捐弃前嫌，派周恩来等赴西安参加谈判，促成了事变的和平解决。1937年2月，国民党五届三中全会

实际接受中共中央提出的国共两党合作抗日的政策，从而使抗日民族统一战线初步形成。

日本发动全面侵华战争，中国开始全国性抗战 1937年7月7日夜，驻北平（今北京）丰台日军于卢沟桥附近举行挑衅性的军事演习，诡称1名士兵失踪，要求进入中国军队驻地宛平县城搜索，遭到拒绝后，即炮轰宛平县城，向中国驻军发动进攻，制造了七七事变，亦称"卢沟桥事变"。当地中国驻军第29军第37师部队奋起还击。中国全国性抗日民族解放战争从此开始。

七七事变后，日本采取速战速决的战略，向华北增兵，7月底占领北平、天津。8月13日，日军向上海发动进攻，企图迅速占领上海，夺取南京，迫使中国政府屈服。

国民政府于8月上旬召开国防会议，决定实行持久消耗战略，将沿海和临战地区划为5个战区：在冀省和鲁北设立第一战区，晋、察、绥设立第二战区，江浙设立第

三战区,闽粤设立第四战区,苏北及山东设立第五战区(以后几次进行调整,至1945年共设第一至第十二战区和战区级的中国远征军)。8月14日,国民政府发表《自卫抗战声明书》。当时,国民党军约有200万人,飞机305架,舰艇66艘。22日,按照国共两党达成的协议,国民政府军事委员会宣布中国工农红军主力改编为国民革命军第八路军(简称八路军)。22—25日,中共中央在陕西省北部洛川召开政治局扩大会议,通过《中央关于目前形势与党的任务的决定》和《抗日救国十大纲领》,提出实行全面的全民族的抗战路线和持久战的战略总方针,确定共产党领导的军队执行独立自主的山地游击战的战略方针,担负创建抗日根据地、牵制与消耗敌人、配合友军作战、保存与扩大自己的基本任务。25日,中共中央军委发布命令,将在陕甘宁边区的中国工农红军改编为国民革命军第八路军,朱德任总指挥,彭德怀任副总指挥(9月11日又改称第18集团军,朱德、彭德怀改称正、副总司令),下辖第115、第120、第129师,共四万六千人。9月22日,国民党"中央通讯社"发表中国共产党于7月15日递交的《中国共产党为公布国共合作宣言》。23日,蒋介石发表承认中国共产党合法地位的谈话。至此,由中国共产党倡导的,以国共两党合作为基础的抗日民族统一战线正式建立。10月12日,赣、闽、浙、皖、豫、鄂、湘、粤等南方8省14个游击区的红军和游击队改编为国民革命军陆军新编第四军(简称新四军),叶挺任军长、项英任副军长,下辖第1、第2、第3、第4支队,共一万余人。八路军和新四军改编后,陆续开赴华北和华中抗日前线作战。

1937年7月至1938年10月,是日军展开战略进攻,中国军队进行战略防御的阶段。在华北战场,第一战区部队对沿平汉、津浦铁路线南侵的日军,实行节节抗击。第二战区部队在平绥铁路东段同进犯

的日军展开激战。9月中旬，大同失陷。八路军第115师于9月25日在平型关附近伏击日军，首战告捷，歼日军第5师一部一千余人，鼓舞了全国军民的斗志。9月底，日军突破内长城防线，接着以五万余兵力向忻口、太原进攻。为配合国民党军保卫忻口、太原，八路军第115师向察南、冀西出击，切断张家口至代县的日军补给线；第120师切断同蒲铁路（大同—风陵渡）北段和雁门关南北的交通，威逼大同；第129师一部夜袭代县阳明堡机场，毁伤日军飞机24架。11月8日，太原沦陷，国民党军第二战区部队向南撤退。至此，在华北，以国民党军为主的正规战争基本结束，以八路军为主的游击战争升至主要地位。

在华中战场，从8月13日开始，第三战区部队同日军进行了3个月之久的淞沪会战，双方伤亡惨重，处于胶着状态。11月12日，日军占领上海。12月13日日军占领南京后，肆意烧杀淫掠，杀害中国军民三十万，制造了震惊中外的南京大屠杀。从1938年1月开始，第五战区先后集中六十万兵力在以徐州为中心的广阔地域，同日军进行会战。3月20日至4月7日，在地区取得歼灭日军一万余人的重大胜利，振奋了全民族抗战的精神。

徐州会战前后，八路军在平汉（今北京—汉口）、津浦（天津—浦口）铁路北段、邯郸至长治公路、临汾至大宁公路积极开展破袭战和伏击战，先后取得神头岭、响堂铺、午城井沟等战斗的胜利。第115师一部创建了以五台山脉为依托的晋察冀抗日根据地，另一部创建了以吕梁山脉为依托的晋西南抗日根据地。第120师创建了以管涔山脉为依托的晋西北抗日根据地。第129师及第115师一部创建了以太行、太岳山脉为依托的晋冀豫抗日根据地。八路军依托山区根据地，进一步向平原发展，完成在华北的战略展开。1938年4月下旬，八路军主力陆续向冀、鲁、豫3省平原发展，先后创建了冀南、豫北、冀鲁边、冀中、冀东等抗日根据地。新四军展开于皖南、皖中、苏南和豫东地区，开展游击战争，取得蒋家河口、韦岗等多次战斗的胜利，初步创建了华中抗日根据地。5—6月，毛泽东发表《论持久战》和《抗日游击战争的战略问题》两篇军事著作，总结抗日战争10个月经验，批驳"亡国论""速胜论"和轻视游击战争的错误思想，阐明抗日战争的性质、特点、人民战争思想、持久抗战的总方针和抗日游击战争的战略地位，预测抗日战争的发展过程将经历战略防御、战略相持和战略反攻三个阶段，为夺取抗战胜利指明了方向和道路。

抗日战争转入战略相持阶段，敌后战场逐渐成为中国抗战主战场 1938年10月21日，日军侵占广州，27日占领武汉。自此，日军战线延长，兵力分散，财政经济困难。八路军、新四军在广阔的华北、华中敌后战场上消耗与牵制其大量兵力，与正面战场国民党军相

配合，在战略上对日军构成严重威胁。抗日战争进入战略相持阶段。

国民党当局在日本诱降和英、美对日妥协政策的影响下，从战争初期抗日较为积极，同共产党关系比较好，逐渐转为消极抗日，积极反共。1938年12月，国民党副总裁、国民参政会议长汪精卫公开投降日本，随后成立南京伪政权。1939年1月，国民党五届五中全会通过《限制异党活动办法》，设立"防共委员会"。11月，国民党五届六中全会确定以军事限共为主，政治限共为辅的方针，调动军队进攻八路军和山西新军。

中国共产党于1938年9月29日至11月6日在延安召开扩大的六届六中全会，确定了巩固华北，发展华中、华南的战略任务。八路军于1938年底至1939年初以3个师的主力挺进冀鲁平原，挫败日伪军对冀中、冀南和鲁西北等地区的大规模"扫荡"，巩固与扩大了抗日根据地。1939年12月至1940年春，八路军和山西新军实施自卫反

击，打退了国民党顽固派掀起的第一次反共高潮。

1940年8月至翌年1月，八路军先后出动105个团共二十余万人的兵力，对华北日伪军占领的交通线及据点展开大规模的进攻，史称"百团大战"。在前3个半月的作战中，进行大小战斗1824次，破坏铁路474千米、公路1500余千米，毙伤俘日伪军四万余人，沉重打击了日军，坚定了全国人民的抗战信心，进一步提高了中国共产党及其领导的抗日武装力量的声威。

在华中，新四军执行东进北上方针，向淞沪、皖东、豫皖苏边、皖东北、豫鄂边和苏北发展。1940年夏，八路军第2纵队主力南下豫皖苏边区。新四军江南指挥部率主力渡长江北上苏北，10月初取得反击国民党顽固派军队的黄桥战役的胜利，从而打开了苏北抗战的局面。

在华南，中共在琼崖（即海南岛，今海南省）、广东省东江、珠江三角洲等地区建立抗日武装，积极开展游击战争，创建了抗日

根据地。

在东北，东北抗日联军在极端困难的条件下，在南起长白山、北至小兴安岭、东濒乌苏里江、西迄辽河的广大地区内，独立坚持抗日游击战争。1938年10月至1940年底，日本关东军和伪满洲国军采取集家并屯、保甲连坐、经济封锁、残酷烧杀等手段对东北抗日联军进行"讨伐"，东北抗日联军遭到严重损失，主力转入苏联境内整训，同时继续坚持游击战争。

敌后抗日武装力量克服严重困难，坚持抗战　太平洋战争爆发前后，日军对国民党继续实行以政治诱降为主、军事打击为辅的政策；集中力量打击中国共产党领导的抗日武装力量，对各抗日根据地实施军事、政治、经济、文化相结合的"总力战"，调集其侵华兵力（不含关东军）的63%～75%和伪军的全部进行大规模的"扫荡"、"治安强化"运动、"清乡"和"蚕食"，实行烧光、杀光、抢光的"三光"政策，制造无人区，企图消灭八路

军、新四军和华南抗日游击队，摧毁抗日根据地。

1941 年 1 月，国民党顽固派掀起第二次反共高潮，制造皖南事变，派重兵包围和袭击奉命由皖南向长江以北转移的新四军军部和皖南部队。新四军军长叶挺被扣，副军长项英等人被害，部队遭受严重损失。中共中央对国民党顽固派这一罪恶行径在政治上进行了坚决的揭露和反击。中共中央军委并决定重建新四军军部，任命陈毅为代理军长，刘少奇为政治委员。新四军部队整编为 7 个师另 1 个独立旅共九万余人，继续坚持华中抗战。

1941—1942 年，日军对敌后各抗日根据地进行千人以上至万人兵力的"扫荡"共 132 次，一万人以上至七万人兵力的"扫荡"27 次，且持续时间长。由于日军实行"三光"政策，加上国民党顽固派的反共摩擦，以及连年的自然灾害，各抗日根据地遭受严重摧残，处于极端困难时期。为渡过难关，战胜严重困难，中国共产党领导各抗日根据地军民，实行精兵简政、减租减息等各项政策；采取"敌进我进"的作战方针，以围困战、麻雀战、地雷战、地道战等各种作战形式，进行反"扫荡"、反"清乡"、反"蚕食"和反"治安强化运动"斗争。两年中，八路军、新四军和华南抗日游击队与日伪军作战 4 万余次，毙伤日伪军二十七万余人。至 1942 年底，抗日根据地面积虽然缩小了，人口由一亿减至五千万以下，军队由五十万减至近四十万人，但抗日根据地军民克服困难，渡过了敌后抗战最艰苦的阶段。

从 1943 年起，第二次世界大战形势发生了有利于反法西斯阵线的重大转折，各抗日根据地军民进一步贯彻"敌进我进"的方针，积极展开拔除与逼退日伪军据点，破坏其交通线的作战。抗日根据地转入恢复和再发展阶段。7—8 月，八路军第 129 师一部等发起卫南、林南战役，共歼日伪军一万二千余人。9—10 月，晋冀鲁豫区、晋绥军区、山东军区部队，先后挫败

日伪军 1～4 万余人的秋季大"扫荡"。11—12 月，广东人民抗日游击总队在大岭山地区挫败日伪军近万人的"扫荡"。到 1943 年冬，美英军在太平洋战场对日军转入战略反攻时，中国解放区战场还抗击着侵华日军（不含关东军）的 58% 约三十五万人、伪军的 90% 约七十三万人。

正面战场国民党军全线溃退，解放区抗日武装力量举行战略反攻，夺取全国抗战最后胜利 1944 年，世界反法西斯战争处于大规模战略反攻阶段。中国解放区军队开始了局部反攻作战。4 月，日军发动打通大陆交通线作战。国民党军抵抗不力，全线迅即溃退。到 12 月，河南、湖南、广西、广东等省大部，贵州省一部和郑州、洛阳、长沙、桂林等重要城市相继沦陷，日军占领了平汉铁路中段、南段，粤汉铁路（广州—武昌）北段和湘桂铁路（今衡阳—友谊关）全线。与此同时，八路军、新四军在解放区广大人民支持下，开始实行由游击战为主向运动战为主的转变，积极主动地向日军占领的城镇和交通线发起攻势作战，打击和牵制日伪军，巩固与扩大解放区。从 7 月起，八路军、新四军先后派部队向河南敌后进军，建立了拥有 3 个专署、20 个县、三百多万人口的根据地。新四军第 1 师主力于 12 月由苏中渡江南下，开辟了苏浙皖边抗日根据地。

1945 年春，八路军各部队以夺取日伪军守备薄弱的城镇据点和交通线，将敌压缩、包围于大中城市和交通干线为目标，展开大规模攻势作战。新四军也向日伪军占领的城镇和交通线展开进攻。在世界反法西斯战争临近最后胜利的形势下，于 4 月 23 日至 6 月 11 日在延安召开中国共产党第七次全国代表大会，确定了"放手发动群众，壮大人民力量，在我党的领导下，打败日本侵略者，解放全国人民，建立一个新民主主义的中国"的政治路线。为坚决贯彻中共七大路线，八路军各部队在华北地区展开了以夺取有利的反攻阵地为主要目标的夏季攻势；新四军在华中地区对日伪军守备薄弱的城镇据点展开积极进攻。解放区抗日武装力量在1945年春夏季攻势作战中，共歼灭日伪军十六万余人，攻克县城61座，收复国土24万平方千米，解放人口1000万人。至1945年8月，遍布19个省区的解放区总面积已近100万平方千米，拥有人口一亿多，控制县城100多座，部队发展到九十三万余人，民兵二百二十余万人。

八路军开赴华北抗日前线

1945年5月8日，德国法西斯战败投降。苏联即向远东地区增调兵力，准备对日作战。太平洋战场上的盟军步步逼近日本本土。8月8日，苏联对日宣战，随即出兵中国东北，对日本关东军发起进攻。与此同时，中国共产党领导的解放区抗日武装力量，将持续1年半之久的局部反攻作战发展成为全面反攻。8月9日，中国共产党中央委员会主席毛泽东发表《对日寇的最后一战》声明，号召中国人民一切抗日力量举行全国规模的反攻，彻底打败日本侵略者。8月10、11日，中国解放区抗日军总司令朱德连续发布对日军展开全面反攻及受降等7道命令。各解放区抗日武装立即向日伪军发出通牒，并发起全面反攻。8月15日，日本正式宣布无条件投降。9月2日，日本天皇和政府及日军大本营的代表签字投降。至此，中国人民抗日民族解放战争胜利结束，标志着世界反法西斯战争的完全胜利。

从1945年8月9日至12月底，八路军、新四军和华南抗日游击队共歼灭日军一万四千余人、伪军三十八万余人，收复县以上城市250多座，取得了全面反攻的重大胜利。

抗日战争的胜利，是中国人民100多年来第一次取得反对帝国主义侵略战争的完全胜利。中国人民在抗战中取得了巨大的战绩，中国军队共毙伤俘日军一百五十五万余人（其中解放区抗日武装力量毙伤俘五十二万余人，国民党军毙伤俘八十五万余人，东北抗日义勇军等抗日武装毙伤俘十七万余人）。解放区抗日武装力量歼灭伪军一百二十八万余人。日本战败后，向中国投降的日军共一百二十八万余人。同时，中国人民也付出巨大的牺牲。中国人民群众伤亡三千一百二十余万人，中国军队伤亡三百八十万余人（其中国民党军伤亡三百二十一万余人，解放区抗日武装力量伤亡五十八万余人），军民伤亡共三千五百余万人，占第二次世界大战各国伤亡人数总和的1/3还多，中国财产损失和战争消耗1000多亿美元，间接经济损失5000亿美元。海外的爱国侨胞从道义和经济方面支援了中国抗日战争。中国共产党及其领导的抗日武装力量，为争取抗日战争的胜利起了中流砥柱的作用。中国人民的抗日战争，牵制了日本陆军主力，打破了日本"北进"侵苏计划，迟滞了日本"南进"侵略步伐，从而在战略上有力地支援和策应了苏、美、英等同盟国作战。中国战场是反对日本法西斯侵略的主战场，中国人民是战胜日本帝国主义的决定性力量。中国抗日战争对世界反法西斯战争的胜利作出了不可磨灭的伟大历史贡献。

太原会战

1937 年 9—11 月，中国军队抗击日军侵入山西太原地区的作战。

1937 年 9 月下旬，日军统帅部命板垣征四郎率第 5 师团及察哈尔派遣兵团主力进攻山西内长城防线，企图向太原发动进攻。中国第二战区司令长官阎锡山指挥所部退守内长城的平型关、雁门关、神池一线组织防御。

平型关战斗 9 月 21 日，日军第 5 师团先以两个步兵大队袭击中国守军第 17 军侧背，23 日占领团城口；再以第 21 旅团由灵丘南进，从正面进攻平型关，遭到第 33 军第 73 师抗击，攻击受挫。八路军第 115 师在师长林彪、副师长聂荣臻率领下，以一部袭击灵丘、涞源敌后，以主力 3 个团于平型关东北公路两侧山地有利地形伏击日军。

9 月 25 日，日军板垣师团第 21 旅团一部在预伏地区被歼千余人。察哈尔派遣兵团以混成第 15 旅团、第 2 旅团东进策应，于 28 日攻占茹越口。由于侧背受到威胁，30 日平型关中国守军奉命撤向五台山。日军遂陷平型关，西进至代县。

忻口战役 10 月 2 日，日军混成第 2 旅团从代县向崞县（今崞阳镇）进攻，9 日崞县陷落；混成第 15 旅团 4 日绕过崞县进攻原平，12 日原平陷落，日军进逼忻口。10 月 13 日，板垣指挥 5 万日军向忻口进攻。将第 5 师团编为左翼队，主攻南怀化；以混成第 15 旅团、堤支队（相当于旅团）为右翼队，进攻大白水；以混成第 2 旅团、大泉支队（相当于旅团）担任内长城二线守备。面对日军第 5 师团的猛烈进攻，中央兵团据险扼守，与敌展开激烈争夺战。其间，八路军各部队相继在晋东北袭击日军后方，配合忻口正面作战。日军在忻口伤亡两万余人，作战不利，日华北方面军于 22、27 和 29 日先后增调 3 个联

队驰援，始终攻不下南怀化，乃转攻大白水。忻口战役正酣，晋东娘子关失守，日军西进逼近太原。11月2日，忻口守军奉命退守太原。

娘子关防御战 日军在10月10日攻占石家庄后，为配合忻口的正面进攻，以第20师团沿正太路（石家庄—太原）西进，迂回太原侧后，娘子关局势遂告紧张。为确保晋北作战无后顾之忧，第一战区部队一部转入晋东娘子关地区组织防御。11日，日军第20师团占领井陉，以一部进攻娘子关正面，主力绕道于13日攻陷旧关。回援娘子关的第26路军，组织多次反攻，歼日军一部，但未夺回旧关。

21日，日军第20师团得第109师团一部增援，继续在正面进攻娘子关，掩护第20师团左右两个突击队向南运动。第20师团辎重部队在七亘村先后两次遭八路军第129师伏击。26日，日军左突击队约4个大队经测鱼镇南侧突破第3军防线，绕到娘子关和新关侧后。娘子关守军是日全线撤退。日军沿正太铁路向西追击，11月2日占领寿阳后，迅速逼近榆次，危及太原。

太原保卫战 11月4日，阎锡山任命傅作义为太原城防司令，卫立煌为第二战区前敌总司令，部署从忻口、娘子关撤退的部队守太原城郊，以第13军推进至榆次待机

阎锡山视察前线

夹击日军，以第35军等残损的7个旅担负城防。然而两线撤退的部队立足未稳，日军即跟踪而至，造成部队秩序混乱。5日东路日军占领榆次，6日北路日军进抵太原城垣，7日两面日军包围太原，协力攻城。战至当晚，守城官兵仅存两千余人。8日夜日军突破城垣，傅作义率部突围，太原沦陷。

是役，中国军队大量消耗了日军有生力量，牵制了日军沿平汉铁路（北平—汉口）南下的作战行动，特别是八路军进行的平型关战斗打破了"日军不可战胜"的神话。但娘子关方面防范疏漏，被日军乘虚而入，导致会战失败。

淞沪会战

1937年8月13日至11月12日，中国军队抗击日军进攻上海的战役，又称"八一三上海抗战"。

七七卢沟桥抗战爆发后，日军在华北扩大战争的同时，积极策划侵占上海。8月9日，日本驻上海海军陆战队官兵两人闯进虹桥机场挑衅，被机场保安部队击毙。日军以此为借口，要挟中国政府撤走上海保安部队，拆除所有防御工事。遭拒绝后，日方即向上海增兵。11日，南京国民政府军事委员会令京沪警备司令率第87师、第88师开赴上海杨树浦及虹口以北布防。13日，日海军陆战队首先由虹口向天通庵车站至横浜路段开枪挑衅，再以一部向宝山路、八字桥、天通庵路进攻，被守军击退。同日，南京国民政府军事委员会下令将张治中部改编为第9集团军，从14日拂晓开始发起反击，并命令空军协同地面作战，担任要地防空。15日，日军统帅部下令组建上海派遣军，以松井石根为司令官，并增派第3师团、第11师团到上海。第9集团军从15日起，向日军发起多次围攻。20日，南京国民政府军事委

員会成立第三战区。22日，日上海派遣军开始在杨树浦登陆。第9集团军和新调来之第15集团军（陈诚任总司令）分别抗击登陆的日军。

日军第3师团第1梯队于23日在张华浜附近登陆时，第9集团军组织第87师、第36师反击，挫败其进攻，双方于25日隔河对峙。日军第11师团第1梯队23日在川沙口和石洞口地段登陆，迅即攻占狮子林炮台、月浦和罗店，继而分向浏河、宝山进攻。守军第15集团军实施反击，先后收复罗店、宝山、狮子林和月浦。25日，日军第11师团后续梯队登陆，第15集团军反击受阻。双方于狮子林、月浦、罗店至浏河口一线形成对峙。9月1日，日军以第11师团、第3师团各一部从狮子林和吴淞两面夹击宝山，战至10日，将两块登陆场连成一片。第15集团军予敌重大杀伤后，13日奉命撤出月浦、杨行、新镇等阵地；第9集团军则奉命放弃宁沪铁路（南京—上海）以东的大部分地区。至9月17日，

中国军队撤至北站、江湾、庙行、罗店、浏河一线，与日军对峙。

9月中下旬，日军新增调第9、第13、第101师团及重藤支队（台湾旅）加强日军上海派遣军。10月1日，日海军、海军航空兵协同地面部队发起新的攻击。北路以第11师团指向广福、陈家行；南路集中第3、第9、第13及第101师团强攻蕴藻浜，向大场、南翔进攻。15日，日军突破蕴藻浜，守军分别对南路和北路日军进行了多次反击，但均未突破日军阵地。22日，日军集中第3、第13、第101师团进攻新调来沪之中国第21集团军，在庙行和陈家行之间突破守军阵地，26日攻占庙行和大场。苏州河北岸的第9集团军腹背受敌，于27日放弃北站、江湾阵地，向苏州河南岸转移。

10月初，日军大本营急从华北、东北及日本国内抽调部队，于20日组建第10集团军支援上海派遣军。11月5日，由集团军司令官柳川平助率第6、第18、第114师

团及国崎支队（第 5 师团第 9 旅团）突然在杭州湾的全公亭、金山卫间登陆，以策应上海派遣军对上海实施迂回包围。杭州湾北岸的守备空虚，为日军击破。日军登陆后，迅速以第 6 师团进攻松江和闵行，以第 18 师团进攻金山和广陈。第三战区急调第 62 师、第 79 师分别阻击日军，均未能奏效。日军 6 日占金山。7 日，日军上海派遣军和第 10 集团军奉命合编为华中方面军，由松井石根统一指挥，企图对上海守军迅速达成合围。战局急转直下，8 日蒋介石下令全线撤退。12 日上海失守，战役结束。此役，日军参战 9 个师团二十二万余人，伤亡九万余人；中国军队参战 6 个集团军约 70 个师共七十余万人，伤亡二十五万余人。淞沪守军浴血奋战，打破了日军 3 个月灭亡中国的迷梦，为中国沿海工业的内迁赢得了时间，激发了中国军民的抗战热忱。

徐州会战

1938 年 1—6 月，中国军队在以徐州为中心的江苏、山东、安徽、河南四省地域抗击侵华日军进攻的作战。

日军侵占南京后，日军大本营为打通津浦铁路（天津—浦口），使南北战场连成一片，先后调集 8 个师团另 3 个旅团、2 个支队约二十四万人，分别由华中派遣军（1938 年 2 月 18 日由华中方面军改编）司令官畑俊六与华北方面军司令官寺内寿一指挥，实行南北对进。首先攻占华东战略要地徐州，然后沿陇海铁路（兰州—连云港）西取郑州，再沿平汉铁路（北平—汉口）南夺武汉。时第五战区司令长官指挥中国军队 64 个师另 3 个旅约六十万人，将主力集中于徐州以北，抗击北线日军南犯，一部兵

力部署于津浦铁路南段，阻止南线日军北进，以确保徐州安全。

徐州以南地区作战 1938 年 1 月 26 日，日军第 13 师团向安徽凤阳、蚌埠进攻。守军第 31 军在池河西岸地区逐次进行了抵抗。2 月初，日军在攻占了临淮关、蚌埠后，第 13 师团主力强渡淮河，向北岸发起进攻。守军第 51 军与驰援的第 59 军协同，在淮河北岸地区顽强抗击日军。守卫淮河南岸的第 7 军协同第 31 军迂回攻击日军

侧后，迫使日军第 13 师团主力由淮河北岸回援。第 59、第 51 军乘机反攻，至 3 月初恢复淮河以北全部阵地。后南岸中国军队集中到北岸，隔河与日军对峙。

徐州以北地区作战 2 月下旬，华北日军第 2 集团军开始分路南犯。东路第 5 师团沿胶济铁路东进，连陷沂水、莒县、日照，直扑临沂。守军第 40 军和第 59 军协同实施反击，重创日军，迫其向莒县撤退。西路日军第 10 师团长濑支

中国军队向鲁南集合，准备在徐州与日军交战

队从济宁地区西渡运河，向嘉祥进攻，遭第3集团军顽强抵抗，进攻受挫；濑谷支队沿津浦铁路南进，3月14日由邹县（今邹城）以南的两下店进攻滕县（今滕州）。守军第22集团军第41军英勇抗击，苦战至17日，守城的第122师师长王铭章殉国，滕县失守。

台儿庄地区作战　3月20日，日军濑谷支队南进，连陷临城（今薛城）、枣庄、韩庄后，孤军深入，向台儿庄突进，企图一举攻占徐州。李宗仁以第2集团军总司令孙连仲率部固守台儿庄，第20军团军团长汤恩伯率部让开津浦铁路正面，转入兰陵及其西北云谷山区，诱敌深入。24日起，日军反复向台儿庄猛攻，多次攻入庄内。守军第2集团军与日军展开激烈的争夺战。第五战区以第20军团主力向台儿庄机动，拊敌侧背，并令第3集团军进至临城、枣庄以北，断敌后路。日军为解台儿庄正面之危，速以第5师团坂本支队从临沂驰援，进至兰陵北面的秋湖地区，即被第

20军团第52军卷击包围。4月3日，第五战区发起全线反攻，激战4天，歼灭日军濑谷支队大部、坂本支队一部共万余人。其余日军残部于7日向峄城、枣庄撤退。

徐州附近地区作战　台儿庄大捷后，中国统帅部令第五战区集中兵力于徐州附近，准备再次聚歼日军。日军改以部分兵力在正面牵制，主力向西迂回，企图从侧后包围徐州，歼灭第五战区主力。4月底，实施牵制性进攻的日军第10、第5师团，被守军阻于韩庄、邳县（今邳州）和郯城一线。5月5日开始，日军主力从南北两个方向向徐州西侧迂回包围。南面，第9、第13师团从蚌埠地区分别沿北淝河、涡河西岸北进，至13日陷蒙城、永城（属河南）后，向江苏萧县、砀山（今均属安徽）进攻；第3师团由蚌埠进入大营集地区，向宿县（今宿州）进攻。北面，第16师团由山东济宁渡运河，至14日连陷郓城、单县、金乡、鱼台后，向江苏丰县、砀山推进；第14师

团从河南濮阳南渡黄河，陷山东菏泽、曹县后，直插河南兰封（今兰考）；同时，第10师团将韩庄、台儿庄地区的作战交由第114师团接替后，渡过微山湖向沛县（属江苏）进攻。至此，日军已形成对徐州的四面合围态势。5月15日，中国统帅部决定放弃徐州。16日，第五战区命令各部队分别向豫、皖边界山区突围。19日徐州陷落。日军沿陇海铁路西进，6月6日占领开封。为阻止日军前进，蒋介石9日下令在郑州东北花园口附近炸开黄河大堤，河水经中牟、尉氏沿贾鲁河南泛。日军被迫向黄泛区以东地区撤退。会战结束。

此役，中国军队英勇奋战，消耗了日军有生力量，迟滞了日军进攻速度，为部署武汉保卫战赢得了时间。

百团大战

中国抗日战争时期，八路军在华北地区使用105个团的兵力，向日伪军发动的大规模进攻战役。

1940年，日伪军在华北加紧推行"肃正建设计划"和以"铁路为柱，公路为链，碉堡为锁"分割封锁各抗日根据地的"囚笼政策"。为打击日伪军的"囚笼政策"，争取华北战局更有利的发展，配合正面战场国民党军作战，并抑制国民党顽固派的投降逆流。7月22日，八路军总部下达《战役预备命令》，规定以不少于22个团的兵力重点破击正太（正定—太原）铁路，同时要求对同蒲（大同—风陵渡）、平汉（今北京—汉口）、津浦（天津—浦口）、北宁（北京—沈阳）、德石（德州—石家庄）等铁路以及华北一些主要公路线也部署适当兵力展开广泛的破击，以配合正太铁路沿线的作战。8月8日，八路军总部下达《战役行动命令》，规定：晋察冀军区破击正太铁路东段石家庄至阳泉（不含）段；第129师破击正太铁路西段阳泉至榆次段；第120师破击平遥以北的同蒲铁路和汾（阳）离（石）公路，并以重兵置于阳曲南北地区，阻敌向正太铁路增援。要求各部在破击交通线的同时，相机攻占日军据点，并阻滞日军援兵。战役从破击正太铁路开始，随即扩大到冀中、冀南、冀热察、晋绥、太岳等地区。八路军参战兵力，从开始时的20多个团迅速增至105个团，共二十余万人。此外，还有许多地方游击队和民兵参加作战。战役自8月20日开始至1941年1月下旬结束，分为三个阶段。

第一阶段，以正太铁路为重点，进行交通总破击战 8月20日晚8时，战役全面展开。晋察冀军区组成左、中、右纵队，分别向正太铁路东段的日军独立混成第8旅大部和独立混成第4旅一部展开攻击。左纵队向石家庄至微水之间的日军据点攻击。右纵队攻占晋冀交界的要隘娘子关，歼日军一部。中央纵队向娘子关至微水段进攻，连克蔡庄、地都、北峪、南峪等日军据点，并破坏铁路桥两座。在矿工支援下，攻击井陉煤矿的中央纵队一部彻底破坏了主要矿井，迫使其停产达半年之久。23日，因石家庄方向的日军西援，加上连日大雨，河水暴涨，严重妨碍作战行动，晋察冀军区部队遂从娘子关、井陉煤矿等地撤出，实施对铁路、桥梁、隧道的全面破击。

第129师以8个团另8个独立营的兵力组成左翼破击队、右翼破击队和中央纵队，对正太铁路西段日军独立混成第4旅大部和独立混成第9旅一部展开攻击；另以2个团会同平定、辽县（今左权）、榆社等地方武装分别对平辽、榆辽公路进行破击，并钳制各线守敌，保证主力侧后的安全。左翼队一部进攻芦家庄，连克碉堡4座，歼日军

八路军和民兵破击正太铁路

八十余人；右翼队一部攻击桑掌和铁炉沟等据点，歼日军一百三十余人。21日，该师为阻止日军从侧背攻击破路部队，令预备队一部抢占了阳泉西南4千米的狮垴山高地。从23日起，阳泉日军在飞机支援下，并使用化学武器，不断向狮垴山猛攻。该师阻击部队英勇奋战，坚守6昼夜，歼日军四百余人，保障了破击部队翼侧的安全。经数日作战，第129师控制了正太铁路西段除阳泉、寿阳以外的大部分据点及火车站，严重破坏了该段的路轨、桥梁、隧道，使正太铁路西段陷于瘫痪。

与此同时，第120师集中兵力破击同蒲铁路北段和铁路以西一些主要公路，并攻占阳方口、康家会、丰润村等日军据点，歼日伪军八百余人，切断了同蒲铁路北段和忻县（今忻州市）至静乐、汾阳至离石等公路。为配合正太铁路、同蒲铁路北段的破击战，第129师和晋察冀军区还令所属部队出动50多个团的兵力，在游击队和民兵的配合下，对平汉、平绥（今北京—包头）、北宁、同蒲（南段）、白晋（白圭—晋城）、津浦、德石等铁路线和一些主要公路，以及日军占领的许多据点，进行了广泛的破击和袭击。

8月25日后，日军从白晋铁路、同蒲铁路南段抽调第36、第37、第41师各一部，配合独立混成第4、第9旅向第129师反击；从冀中、冀南抽调约五千人的兵力，配合独立混成第8旅向晋察冀军区部队反击。9月2日，日军合击正太线南侧的安丰、马坊，遭第129师抗击，被毙伤二百余人。9月6日，第129师的第386旅和决死队第1纵队各2个团，于榆社西北双峰地区包围日军1个营（大队），击毙四百余人，打破了日军的合击。晋察冀军区为策应第129师作战，以4个团向正太路北侧盂县地区的日军出击，迫使正太线南侧的日军北援。同时，第120师对同蒲铁路忻县至太原段的破击，也有力地钳制了日军对正太线增援。

9月10日，八路军总部为休整部队、准备再战，命令各部结束第一阶段的作战。

第二阶段，继续破击日军交通线，重点攻占交通线两侧和深入抗日根据地内的日军据点 为扩大战果，9月16日，八路军总部发出第二阶段作战命令。具体部署是：第120师集结主力对同蒲铁路北段宁武至轩岗段进行彻底破坏，再次切断同蒲铁路北段的交通；晋察冀军区集结主力破击涞（源）灵（丘）公路，并夺取涞源、灵丘两县城；第129师重点破击榆（社）辽（县）公路，收复榆社、辽县两县城。晋察冀军区以8个团、3个游击支队的兵力组成左、右翼队，于9月22日对涞源、灵丘地区的日军独立混成第2旅和第26师守备部队发动进攻。右翼队重点攻击涞源县城，由于缺乏攻坚器材及日军顽强抵抗，经通宵激战，终未得手。23日，转为拔除涞源外围日军据点。至26日，相继攻占了三甲村、东团堡等10余个据点。28

日，由张家口增援的日军三千余人进抵涞源城，右翼队遂转移兵力于灵丘、浑源方向，协同左翼队先后攻占了南坡头、抢风岭、青磁窑等日军据点。10月9日，又有大同日军一千余人来援，晋察冀军区遂决定结束涞（源）灵（丘）战役。

第129师以第386旅决死队第1纵队2个团组成左翼队，第385旅（附第32团）组成右翼队，于9月23日向守备榆辽公路的日军独立混成第4旅展开攻击。至30日，左翼队经过艰苦奋战，攻占了榆社县城，歼日军四百余人。右翼队攻占榆辽公路上的小岭底、石匣等日军据点后，准备协同新编第10旅进攻辽县时，和顺、武乡的日军同时出援，第129师遂决定停止攻城，转移兵力于红崖头、官地垴地区伏击由武乡出援的日军。第385旅在向伏击地域开进途中，与日军援兵六百余人遭遇，经15小时激战，日军虽被消灭过半，但余部却依托有利地形进行顽抗，双方形成对峙状态。当由和顺出援的日军突破新编第 10 旅狼牙山阻击部队阵地时，第 129 师遂撤出战斗，榆社复为日军占领。10 月 14 日，第 129 师一部在和（顺）辽（县）公路上的弓家沟设伏，歼灭日军一支运输队，击毁汽车 40 余辆。

第 120 师为配合涞灵和榆辽地区的作战，对同蒲铁路北段进行了新的破击，再度切断了该线交通。冀南军区以 12 个团的兵力对日军正在修筑的德石铁路和邯（郸）济（南）铁路以及一些重要公路线均进行了破坏，共作战 105 次，歼日伪军一千七百余人。10 月 1—20 日，冀中军区部队向任丘、河间、大城、肃宁等地区的日伪军发起攻击，攻克据点 20 余处，歼日伪军一千五百余人，破坏公路 150 千米，有力地钳制了日军的行动。第二阶段作战，八路军不仅攻克了日伪军的一些据点，平毁了部分封锁沟、墙，而且打击了伪政权组织，使被分割的地区，重新连成一片。

第三阶段，反击日军的报复"扫荡" 日军遭到八路军连续两个

阶段的打击后，惊呼"损失巨大"，"对华北应有再认识"。为稳定局势，巩固占领区，便调集重兵对各抗日根据地进行残酷的报复"扫荡"。10 月 19 日，八路军总部下达反"扫荡"作战命令，要求各抗日根据地军民密切配合，广泛开展游击战争，粉碎日军的"扫荡"。

10 月 6 日，沁县、襄垣日军在榆社、辽县的日军配合下，以近万人的兵力对太行抗日根据地榆社、辽县、武乡、黎城地区进行"扫荡"。10 月 29 日，第 129 师在八路军副总司令彭德怀直接指挥下，于武乡县关家垴地区将日军 1 个营（大队）大部围歼，并给武乡、辽县增援之敌以重大杀伤，粉碎了日军的"扫荡"。11 月 17 日起，日军约七千人"扫荡"太岳区。太岳军区将主力编成沁（源）东、沁（源）西 2 个支队，在游击队和民兵的配合下活动于沁河两岸，寻机打击日军。至 27 日，歼日军近三百人，粉碎了日军的"扫荡"。

10 月 13 日起，日伪军以万余

人"扫荡"平西（今北京以西）抗日根据地。11月9日，日军又以万余人"扫荡"北岳抗日根据地，并占领了晋察冀军区领导机关所在地阜平。平西和北岳两区军民以内外线相配合，广泛开展游击战，连续伏击、袭击日军后方交通线，迫使日军大部撤退。阜平、王快的日军则筑碉修路，企图长期占领。12月3—27日，晋察冀军区以4个团向阜平、王快的日军发动进攻，歼其五百余人，迫使其全部撤出北岳抗日根据地。至1941年1月上旬，晋察冀抗日军民反"扫荡"结束。

12月中旬，日军以两万人的兵力对晋西北抗日根据地进行"扫荡"，至23日，占领了除保德、河曲以外的所有县城和大部集镇。晋西北地区军民实行空室清野，坚持"区不离区，县不离县"的游击战；同时，集中部分主力部队，破击日军后方交通线，攻击日军修路部队和运输队。前后共作战200余次，歼日伪军两千五百余人，迫使日军于1941年1月下旬全部撤出晋西

北抗日根据地。

百团大战历时5个多月，据前3个半月的不完全统计，八路军在地方武装和广大人民群众的紧密配合下，共作战1824次，毙伤日军两万余人、伪军五千余人，俘日军二百八十余人、伪军一万八千余人，拔除据点2900多个，破坏铁路474千米、公路1500余千米，缴获各种炮50余门、各种枪5800余支（挺）。八路军伤亡一万七千余人。

在百团大战中，华北抗日军民同日本侵略者浴血奋战，充分表现了中华民族不屈不挠的战斗精神。百团大战沉重地打击了日军的侵略气焰，有力地配合了正面战场国民党军作战，抑制了国民党顽固派的投降逆流，鼓舞了全国人民夺取全国抗战胜利的信心，提高了共产党和八路军的声望。

解 放 战 争

1946—1950 年，中国人民在中国共产党领导下，为推翻以蒋介石为代表的帝国主义、封建主义、官僚资本主义的反动统治，夺取新民主主义革命的最后胜利，建立人民民主专政政权而进行的战争。又称"第三次国内革命战争"。

人民解放军调整战略布局，准备迎击国民党军的大举进攻（1945.09—1946.06） 抗日战争胜利后，中国共产党同国民党进行了长达 5 个月的和平谈判，并在民主党派参加下达成《和平建国纲领》等 5 项政治协商会议协议。但坚持独裁、内战和卖国政策的蒋介石集团却在和平谈判掩护下从各方面加紧进行全面内战的准备。

中国共产党在力争实现国内和平民主的同时，对蒋介石的内战阴谋保持了高度警惕并相应地进行了迎击的准备。1945 年 9 月，中共中央制定了"向北发展，向南防御"的战略方针，从各解放区抽调约十一万人的部队向东北挺进，会同东北人民自卫军（由东北抗日联军改编）组成东北人民自治军，开创东北解放区；将孤立突出于长江以南和豫西、皖中地区的部队撤向长江以北的老解放区。经过调整，形成东北民主联军（由东北人民自治军改称）、新四军兼山东军区、晋冀鲁豫军区、晋察冀军区、晋绥军区、中原军区和陕甘宁晋绥联防军 7 大战略区。各大战略区相继组成了野战军或若干个野战纵队或野战旅，至 1946 年 6 月，共组成 27 个野战纵队和相当于纵队的师以及 6 个野战旅、14 个炮兵团，野战军总兵力六十一万人，地方军六十六万余人，民兵二百二十万人，从组织上形成了野战军、地方军、民兵三结合的体制，初步实现了以游击战为主到以运动战为主的军事战略的转变。同时，全军开展了军政大练

兵，改进和加强了政治工作和后勤工作，进行了自卫反击作战，保卫了解放区。各解放区开展了减租减息、土地改革和生产运动，加强了建设，巩固了人民解放军的后方。

人民解放军实行积极防御，重挫国民党军的战略进攻（1946.07—1947.06） 国民党政府主席蒋介石在完成战争准备后，指挥军队于1946年6月以进攻中原解放区为起点，向解放区发动全面进攻。中国共产党领导解放区军民奋起自卫，解放战争由此展开。

战争之初，国民党军拥有四百三十万人，其中正规军248个旅两百万人，为人民解放军的3.3倍。国民党军基本上是一支合成军队，人民解放军除步兵外只有少量炮兵。国民党统治区有3.3亿多人口，控制着几乎所有大城市和主要交通干线、现代工业，并得到了美国在军事上、经济上的大力援助。解放区只有1.3亿多人口，极少现代工业，也没有外援，完全依靠自

关内解放区部队一部进军东北

力更生。凭借军事、经济上的优势，蒋介石采取速战速决方针，集中约80%的正规陆军即193个旅约160万人的兵力，在大量保安团队和海空军、特种兵配合下，企图在3—6个月内占领解放区，消灭解放军。

中共中央根据战争双方力量对比状况，为人民解放军规定了以歼灭国民党军有生力量为主而不是以保守地方为主的积极防御战略方针和集中优势兵力、各个歼灭敌人的作战原则。按照中共中央和中央军委的部署，人民解放军依托解放区的有利条件，实行战略上的内线作战，主动放弃一些地方和城市，在运动中创造战机，集中兵力，各个歼敌。至1947年2月，歼灭国民党军七十一万余人，迫使蒋介石于1947年3月放弃全面进攻，改取重点进攻陕北和山东解放区，并在其他战场转取守势。针对蒋介石的新战略，中共中央、中央军委决定陕北、山东解放区的部队继续实施防御作战，拖住并歼灭进犯之国民党军，其他解放区部队举行战略反攻。3—6月，人民解放军歼国民党军四十一万余人，收复部分失地。

在国民党军实施重点进攻并于1947年3月19日占领延安后，中共中央领导人作了新的分工：毛泽东、周恩来、任弼时率少量中央机关人员留在陕北，指挥全国战争；刘少奇、朱德等组成中央工作委员会，东移晋察冀解放区，进行中央委托的各项工作；叶剑英、杨尚昆等组成中央后方委员会，迁到晋西北主持后方工作。

战争第一年，人民解放军共歼灭国民党军一百一十二万人，毙俘其旅（少将）级以上军官两百余人，削弱了国民党军力量，开始掌握战略主动权。

人民解放军转入战略进攻，创建新中原解放区（1947.07—1948.06） 经过一年作战，战争形势发生了很大变化。一方面，国民党军总兵力降到三百七十三万人，其中正规军一百五十万人；人民解放军则上升到一百九十五万人，其

中野战军一百万人。国民党统治区人民掀起的反内战、反独裁的革命运动迅猛发展，形成了反对国民党统治的第二条战线。另一方面，由于战争逐步向解放区中心推移，人力、物力遭到严重损失，经济十分困难。据此，中共中央、中央军委决定了战争第二年的战略方针：利用国民党军主力深陷解放区、后方兵力空虚之机，以主力转到外线，转入战略进攻，将战争引向国民党区域，在外线大量歼敌；以部分主力和广大地方武装留在内线，以反攻收复失地，牵制并歼灭内线敌人。

人民解放军的战略进攻，是以创建中原解放区为主于1947年下半年逐步展开的。7—9月，由晋冀鲁豫、华东野战军主力组成的刘（伯承）邓（小平）、陈（毅）粟（裕）、陈（赓）谢（富治）3支野战军先后进入大别山区、豫皖苏边、鄂豫陕边，以"品"字形阵势实施战略展开，把战线由黄河两岸推向长江北岸。至1947年12月，初步建成拥有三千万人口的新的中原解放区，吸引并牵制了南线国民党军160个旅中的90个旅，对改变两军攻防态势起了决定性作用。坚持内线的部队以积极的作战行动恢复和扩大了解放区，歼灭大批国民党军。人民解放军的战略进攻和国统区人民的革命运动，把中国革命推向一个新的高潮，使中国革命战争出现了由防御转入进攻的历史性转折。1947年12月，中共中央在陕北米脂县杨家沟召开会议，毛泽东在会上提出著名的十大军事原则，进一步统一了人民解放军的作战思想。

1948年上半年，人民解放军继续执行将战争引向国统区的战略方针，不仅歼灭了国民党军的有生力量，而且继攻克石家庄后又连续攻克了洛阳、临汾、四平、潍坊、兖州、开封等大批中小城市，并收复延安。3—4月间，中共中央、中央军委由陕北经晋西北东移到晋察冀解放区的平山县西柏坡，先后与中央工作委员会、后方委员会会合。

战争第二年，人民解放军共

歼灭国民党军一百五十二万人，毙俘其旅（少将）级以上军官一百七十四名，收复和解放了拥有三千七百万人口的 15.5 万平方千米土地和 164 座县级以上城市，为即将到来的战略决战创造了条件。

人民解放军进行战略决战，各个歼灭国民党军重兵集团（1948.07—1949.01） 战争进入第三年时，民解放军的总兵力已上升到二百八十万人，其中野战军一百四十九万人，并已建立了相当规模的炮兵。全军经过新式整军运动和多次攻城作战，军政素质和城市攻坚能力均有较大提高。解放区经过土地改革和休养生息，经济状况有所改善。国民党军的总兵力为三百六十五万人，其中正规军一百九十八万人，数量上虽仍占优势，但机动兵力已少于人民解放军，而且胡宗南、白崇禧、刘峙、傅作义、卫立煌 5 个战略集团被分割在西安、武汉、徐州、北平（今北京）、沈阳地区，相互难于应援。

1948 年 9 月 8—13 日，中共中央在西柏坡召开政治局会议，正式提出从 1946 年 7 月起用 5 年左右时间从根本上打倒蒋介石的总任务，并决定战争第三年仍然在长江以北和华北、东北作战，要求人民解放军敢于打国民党军据守的大城市并歼灭由十万人以上兵力组成的增援兵团这样的大歼灭战。依据会议精神，人民解放军从 1948 年 9 月至 1949 年 1 月先后进行了辽沈、淮海、平津三大战役。

1948 年夏，国民党军东北"剿匪"总司令卫立煌所部五十五万余人被分割在长春、沈阳、锦州三个地区，处境孤立，而东北人民解放军野战部队已发展到七十余万人，另有地方武装和二线补充兵团三十三万人，兵力远远超过卫立煌集团。据此，中央军委决心把战略决战的第一个歼击目标选定为卫立煌集团。辽沈战役于 9 月 12 日发起，11 月 2 日结束，历时 52 天，共歼灭国民党军四十七万余人，解放了东北全境。

辽沈战役以及在此期间举行的

济南战役和在华北、西北战场作战的胜利，使国民党军总兵力下降到二百九十万人，人民解放军则已上升到三百万人，中国革命战争由此出现了一个新的转折，即人民解放军不但在质量上而且在数量上都占有了优势。中共中央指出，"这样，就使我们原来预计的战争进程大为缩短"，"从现时起，再有一年左右的时间，就可能将国民党反动政府从根本上打倒了"。

1948 年 11 月 6 日，华东、中原人民解放军及华北军区一部共六十万人发起淮海战役，求歼徐州"剿匪"总司令刘峙所部六十万人（战役过程中增至八十万人）。11 月 16 日，中共中央决定以刘伯承、陈毅、邓小平、粟裕、谭震林组成中共淮海战役总前委，邓小平为书记，统筹战场一切事宜。战役于 1949 年 1 月 10 日结束，历时 66 天，共歼灭国民党军五十五万五千余人，解放长江中下游以北广大地区。

东北卫立煌集团被歼后，华北"剿匪"总司令傅作义所部约五十万人面临着东北野战军和华北军区的联合打击，南撤江南或坚守平、津难于决策。中共中央军委决定以东北人民解放军八十万人提前入关，会同华北军区部队二十万人于 11 月 29 日发起平津战役。1949 年 1 月 10 日，中共中央决定以林彪、罗荣桓、聂荣臻组成总前委，林彪任书记，统筹平津前线一切事宜。战役于 1 月 31 日结束，历时 64 天，共歼灭和和平改编傅作义部五十二万余人，基本解放华北全境。

三大战役期间，西北人民解放军组织了澄郃、荔北等战役，歼灭国民党军六万余人。

1948 年 7 月至 1949 年 1 月，人民解放军共歼灭国民党军二百多万人，使蒋介石集团在军事上、政治上、经济上都面临绝境。

人民解放军向全国进军，追歼残敌（1949.02—1950.05） 战略决战后，国民党军只剩下二百余万人，其中正规军一百一十五万人，分布在新疆到台湾的漫长战线上，已无力组织战略上的有效防御。人民解放军的总兵力则增加到四百万人，其中野战军二百一十八万人。在极端不利的形势下，蒋介石于1949年1月21日宣布"引退"，但仍以国民党总裁身份在幕后组织加强长江防线，并以"代总统"李宗仁出面向中共提出"和平谈判"的要求，企图以此争取时间，扩充兵力，尔后卷土重来。

针对蒋介石的企图，毛泽东在1949年元旦为新华社撰写的《将革命进行到底》的社论中宣布：人民解放军将向长江以南进军，解放全中国。3月5—13日，中共中央在西柏坡召开七届二中全会，提出将以天津、北平、绥远三种方式解决国民党军余部，并要求人民解放军在进军中完成战斗队、工作队的双重任务。

1948年冬至1949年春，人民解放军按照中央军委的命令进行整编，西北、中原、华东、东北野战军依次改番号为第一、第二、第三、第四野战军。每个野战军辖2～4个兵团，每个兵团辖3～4个军，全野战军共辖16个兵团58个军、2个特种兵纵队、1个特种兵司令部、1个铁道兵团。西北、中原、华东、华北、东北5个一级军区番号不变。这次整编，使人民解放军向正规化建设迈出了重要一步。

4月20日国共和谈破裂当晚，第二、第三野战军和第四野战军一部发起渡江战役，连续攻占南京、上海、武汉、南昌、杭州等城市，至6月2日战役结束，共歼国民党军四十三万余人。与此同时，第18、第19、第20兵团等部于4月24日攻克太原。9月19日，绥远国民党军起义，华北全境解放，共歼国民党军二十余万人。

渡江战役后，按照中央军委统一部署，各野战军开始向全国进军。第一野战军于5月20日占领西安后，历经扶郿、兰州等战役，占领甘、青、宁三省。9月下旬，新疆国民党军政当局起义。10月，第一野战军进军新疆，至1950年

3月占领全疆。至此，西北全境解放，共歼国民党军约三十万人。第二野战军附第四野战军一部并指挥第一野战军第18兵团于1949年11月初自湘黔边及陕南向西南进军，至1950年2月完成对川、黔、康、滇4省的占领，共歼国民党军九十三万人。第四野战军并指挥第二野战军第4兵团于1949年7月自武汉南进，经衡宝、广东、广西、海南岛等战役，于1950年5月占领鄂、湘、粤、桂4省及海南岛，共歼国民党军四十余万人。第三野战军第7、第10兵团于1949年7月进军浙、闽，至10月占领闽浙大陆及部分沿海岛屿，共歼国民党军十余万人。1950年5月解放舟山群岛。至此，解放战争的大规模作战行动胜利结束。

解放战争历时3年零9个月。中国人民解放军在中国共产党领导和全国人民的支援下，经过艰苦奋战，共歼灭国民党军八百余万人，其中俘虏四百五十八万人、毙伤一百七十一万余人、投诚六十三余万人、起义和接受改编一百一十四余万人，投诚、俘虏和击毙旅或少将以上军官近一千七百余名，解放了除西藏及台湾、澎湖、马祖、金门和南海诸群岛以及香港、澳门以外的全部国土。中国人民解放军也由战争之初的一百二十余万人发展到五百三十万人。战争中，人民解放军负伤一百余万人，牺牲二十六万人，失踪或被俘十九万人。这场战争，最终结束了帝国主义、封建主义和官僚资本主义统治、奴役中国人民的历史。占人类人口1/4的中国人民的彻底解放，改变了世界政治力量的对比，对国际局势和世界人民革命斗争的发展具有深远影响。

孟良崮战役

解放战争时期，中国人民解放军华东野战军在山东省蒙阴县东南孟良崮地区对国民党军进行的山地进攻战役。

1947 年 3 月，国民党军根据其"重点进攻"方针，在山东战场集中了 24 个整编师共 60 个整编旅约四十五万人，由陆军总司令顾祝同组成"陆军总司令部徐州司令部"统一指挥。其中用于第一线的兵力为 17 个整编师 43 个整编旅约二十万人，编成 3 个兵团，成弧形向鲁中山区推进，企图迫使华东野战军与其决战或北渡黄河。3 月下旬，国民党军发起进攻，于 4 月上旬占领鲁南解放区，随即稳步向鲁中山区推进。

在国民党军发起进攻的一个多月时间内，华东野战军曾多次定下歼敌决心，除 4 月下旬在泰安歼灭整编第 72 师主力外，均因其密集靠拢、行动谨慎而未能实现。针对上述情况，中共中央军委指示：敌军密集不好打时，不要性急，不要分兵，不要扰敌后路，让敌放胆前进，总有歼敌机会。华东野战军于 5 月上旬调整部署，主力后撤至莱芜、新泰以东地区隐蔽待机。

国民党政府主席蒋介石和顾祝同得悉华东野战军主力后撤，即令 3 个兵团向博山、沂水一线急进。担负右翼进攻任务的第 1 兵团司令官汤恩伯不待第 2、第 3 兵团统一行动，即以整编第 74 师为骨干，在整编第 25、第 83 师左右两翼配合下，自垛庄、桃墟地区进攻坦埠；另以第 7 军及整编第 48 师向沂水方向推进，策应整编第 74 师作战；以整编第 65 师担任蒙阴防御。

5 月 11 日，国民党军第 1 兵团各部开始北进。当日晚，华东野战军司令员兼政治委员陈毅、副司令员粟裕、副政治委员谭震林查明汤兵团的行动计划和整编第 74 师的

进攻态势，决心采取"猛虎掏心"战法，集中第1、第4、第6、第8、第9共5个纵队歼灭态势稍为突出的整编第74师于坦埠以南、孟良崮以北地区。

整编第74师是国民党军"五大主力"之一，全部美械装备，师长张灵甫自恃作战有功，骄横跋扈，与其他部队的矛盾较深。13日该师进占杨家寨、马牧池等地。当日晚，华东野战军担负迂回穿插任务的第1、第8纵队隐蔽楔入整编第74师与其左右邻的接合部，至14日上午，分别攻占天马山、蛤蟆崮、界牌和桃花山、磊石山、鼻子山等要点，割裂了整编第74师与整编第25、第83师的联系；担负正面攻击任务的第4、第9纵队于同日拂晓占领黄鹿寨、佛山及马牧池、隋家店一线；由鲁南铜石地区兼程北上的第6纵队亦于同日晨抵达观上、白埠地区。张灵甫判明华

华东野战军某部向孟良崮540高地国民党守军发起冲击

114

东野战军有围歼其师的意图后，即于 14 日晚缩集兵力在孟良崮、芦山地区固守。华东野战军乘势进攻，第 4、第 9 纵队经彻夜激战，进抵唐家峪子、赵家城子一线；第 6 纵队在第 1 纵队一部配合下，于 15 日拂晓攻占垛庄；第 8 纵队攻占万泉山。至此，完成了对整编第 74 师的四面包围，并构成了阻击整编第 25、第 83 师的坚强防线。

整编第 74 师被围后，蒋介石一面严令其固守阵地，一面督令新泰、蒙阴、莱芜、河阳等地的 10 个整编师分路向孟良崮驰援，企图解整编第 74 师之围，并聚歼华东野战军主力于蒙阴东南地区。陈毅、粟裕、谭震林当即命令阻援部队坚决阻击，主攻部队不惜一切代价加速猛攻。15 日 13 时，主攻部队发起总攻，从四面八方多路展开突击，战至 16 日 17 时，全歼整编第 74 师及整编第 83 师 1 个团，击毙张灵甫。

与此同时，担任阻援任务的第 2、第 3、第 7、第 10 纵队和鲁南、滨海地方武装，积极阻击和钳制各路援敌，有力地保证了主攻部队作战。

此役，歼灭整编第 74 师等部三万余人，沉重打击了国民党军士气，鼓舞了解放区军民的胜利信心，有力地配合了陕北和其他战场的作战。

"二·二八"起义

1947 年 2—3 月，台湾人民反对国民党政府的武装起义。抗日战争胜利后，国民政府接管了中国台湾。对中国台湾实行政治上的绝对独裁和经济上的高度统制，使中国台湾人民重新陷于水深火热之中。1947 年 2 月 27 日下午 7 时，政府专卖局武装缉私员在台北市延平路殴打女香烟贩林江迈，又开枪击毙一名围观群众，激起民愤。市民立即拥向警察局请愿，要求严惩凶手，但毫无结果。28日，市民罢市游行请愿，提出惩凶、赔偿、取消专卖等要求，国民党军对游行群众进行镇压，开枪击毙三人、伤三人。愤怒的群众立即夺取电台，呼吁全省人民支援台北人民的正义斗争。基隆、台中、台南、高雄等市及宜兰、桃园、新竹、彰化、嘉义、屏东、花莲、台东等县广大群众纷起响应，起义风暴迅速席卷整个中国台湾。3月1日，台北人民和国民党军队展开了斗争，并包围铁路管理委员会。2日，台南人民起义，袭击市内各处警察派出所；台中市民集会宣布成立人民政府及人民军。几天之内，全省除重兵把守的澎湖及基隆、高雄两要塞和少数军政部门外，皆被起义人民所控制。中国台湾人民的起义也得到了全国人民的声援和支持。3月8日，国民党军队在美国军舰、飞机护送下在基隆登陆，随后就在全省进行大逮捕和屠杀，至13日中国台湾

人民的起义被镇压下去。据不完全统计，被杀害者在万人以上。

辽沈战役

解放战争时期，中国人民解放军东北野战军和东北军区部队在辽宁省西部和沈阳、长春地区对国民党军进行的战略决战性战役。中国人民解放战争中具有决定意义的三大战役之一。

战役前的军事形势 解放战争进入到1948年秋，中国的军事形势发生了重大变化。国民党军的总兵力由战争初期的四百三十万人减少为三百六十五万人，其中正规军一百九十八万人，用于第一线作战的一百七十四万人被分割在以沈阳、北平（今北京）、西安、武汉、徐州为中心的5个战场上，战略上完全陷入被动。人民解放军的总兵力由

一百二十余万人发展到二百八十万人，其中野战军一百四十九万人。经过实战锻炼和新式整军运动，部队的军政素质大大增强。

此时，国民党东北"剿总"卫立煌集团有正规军4个兵团14个军44个师（旅），加上地方保安部队，总兵力为五十五万人，被分割在长春、沈阳、锦州3个孤立地区。蒋介石深知东北情势危急，但为支撑全国战局，决定采取集中兵力，重点守备，确保沈阳、锦州、长春，相机打通北宁（今北京—沈阳）铁路的方针，企图保住现有占领区，一旦形势发展不利，即经北宁铁路从陆上或经营口、葫芦岛从海上撤退。其部署是：由"剿总"副总司令兼第1兵团司令官郑洞国率2个军6个师共十万人防守长春，钳制东北野战军主力向南机动；由"剿总"副总司令兼锦州指挥所主任范汉杰率第6兵团4个军14个师共十五万人，防守义县至山海关一线，以锦州、锦西为防守重点，维护东北与关内的陆上及海上的联系；东北"剿总"直接指挥第8、第9兵团7个军另1个整编师共24个师（旅）计三十万人，防守沈阳及其附近地区，作为防御中枢，以确保沈阳并支援锦州、长春方面之作战。

东北人民解放军在1948年3月冬季攻势结束后，解放了东北97%以上的土地和86%以上的人口，东北解放区已连成一片。东北

东北野战军在辽西展开围歼战

野战军已发展到12个步兵纵队、1个炮兵纵队、1个铁道兵纵队，共54个师七十万人，另有军区武装三十三万人，总兵力已达一百余万人。在全国5大战场中，东北战场的形势最为有利，已经具备了同东北国民党军进行战略决战的条件。

东北野战军的作战方针与部署 中共中央军委依据战局的发展和东北战场形势，制定了辽沈战役的作战方针：东北野战军主力南下北宁线，把卫立煌集团封闭在东北加以各个歼灭。为此，要求东北野战军必须确立攻占锦州、山海关、唐山三点并全部控制该线的决心，必须确立打前所未有的大歼灭战的决心，必须有"攻锦打援"的通盘部署。东北野战军司令员林彪、政治委员罗荣桓、参谋长刘亚楼于9月10日下达了北宁路作战计划：第一步，以奔袭动作歼灭北宁路除山海关、锦州、锦西以外各点守军，切断关内外国民党军联系；第二步，集中兵力攻取锦州和打增援之敌。部署是：以第3、第4、第

7、第8、第9、第11纵队及炮兵纵队主力、第2纵队第5师、冀察热辽军区3个独立师歼灭义县至昌黎一线守军，尔后相机夺取锦州、锦西、山海关；以第1、第2（欠第5师）、第10、第5、第6纵队位于沈阳西北和长春、沈阳之间，阻止沈阳国民党军向锦州或向长春增援，并随时准备参加攻锦作战和歼灭长春突围之敌；以第12纵队和6个独立师、1个骑兵师等部继续围困长春。

战役经过 主要分为三个阶段。

第一阶段，攻克锦州，和平解放长春。1948年9月12日，辽沈战役开始。东北野战军首先在北宁线滦县至义县段300千米战线上向国民党军发起进攻，至10月1日，相继攻占昌黎、北戴河、绥中、高桥、塔山、兴城、义县等据点，夺取锦州外围葛文碑、帽儿山等要点，并用炮火封锁了锦州飞机场。至此，东北野战军已切断了北宁路，完全孤立了锦州。

蒋介石为解锦州之危，飞北平，赴沈阳，与华北、东北将领几经磋商，最后确定：从华北和山东抽调7个师，会同锦西、葫芦岛部队共11个师，组成东进兵团，由第17兵团司令官侯镜如指挥；从沈阳地区抽调11个师另3个骑兵旅，组成西进兵团，由第9兵团司令官廖耀湘指挥。以求东西对进，增援锦州。东北野战军根据中共中央军委关于迅速攻取锦州的指示，确定了攻锦打援的整个兵力部署：以第4、第11纵队和2个独立师位于塔山地区，阻击东进兵团；以第2、第3、第7、第8、第9纵队和第6纵队第17师共16个师及炮兵纵队主力计二十五万人攻击锦州；以第1纵队主力位于高桥为战役总预备队；以第5、第10、第12纵队和第6纵队主力、第1纵队第3师、1个独立师、1个骑兵师共14个师位于彰武、新立屯、黑山、通江口地区，阻击西进兵团；以11个独立师、1个骑兵师继续围困长春。

10月9日，东北野战军发起攻锦作战，至13日扫清锦州外围据点。14日10时发起总攻，经31小时激战，于15日18时攻克锦州，全歼守军十万余人，俘范汉杰及第6兵团司令官卢浚泉等，完全封闭了东北国民党军从陆上撤向关内的大门。

与此同时，北线阻援部队在彰武、新立屯地区实行运动防御，将西进兵团阻于新立屯、彰武之间；南线阻援部队在塔山一带进行坚守防御，鏖战六昼夜，打退了东进兵团连续猛烈的进攻，守住了阵地，为夺取锦州争取了时间。

攻克锦州后，困守长春的国民党军第60军军长曾泽生在东北野战军强大的军事压力和政治争取下，于10月17日率所部两万六千余人起义。19日，新编第7军军长李鸿率部投诚。21日，郑洞国率直属队放下武器，长春宣告和平解放。

第二阶段，辽西会战，围歼西进兵团。东北野战军攻克锦州、解放长春，给东北国民党军以致命打击。10月18日，蒋介石再次飞赴沈阳，部署"总退却"，严令西进兵团继续前进，在东进兵团配合下重占锦州，并以一部兵力抢占营口，以备西撤受阻时改由营口撤退。任命杜聿明为东北"剿总"副总司令兼冀热辽边区司令官，直接指挥撤退行动。19日，东北野战军领导人决定采取诱敌深入打大歼灭战的方针，在辽西地区围歼西进兵团。部署是：以塔山地区的第4、第11纵队等部继续阻击东进兵团；以锦州地区的第1（欠第3师）、第2、第3、第7、第8、第9纵队和炮兵纵队及第6纵队第17师立即隐蔽向新立屯、大虎山、黑山地区急进，从两侧迂回包围西进兵团；以第5、第6纵队位于阜新东北和彰武东北地区，拖住西进兵团后尾；以第10纵队和第1纵队第3师、内蒙古军区骑兵第1师位于黑山、大虎山地区，拦住西进兵团先头，迟滞其前进，待野战军主力赶到后，配合主力围歼西进兵团；以第12纵队及5个独立师、1个骑兵师由长春地区进至铁岭、抚顺等地，

钳制并包围沈阳地区国民党军；以独立第2师附属1个重炮营赶赴营口，切断国民党军海上退路。

21日，西进兵团在得到1个旅及重炮、装甲部队的加强后，开始向南攻击。23日进至黑山、大虎山地区时，东北野战军第10纵队等部进行顽强阻击，激战三昼夜，守住了阵地，为主力部队合围西进兵团赢得了宝贵的时间。

西进兵团进攻受阻后，即以第49军等部为先头，经大虎山以东向营口方向撤退。东北野战军决定以第5、第6纵队和第7、第8、第9纵队从左右两翼对西进兵团实施钳形夹击；以第1、第2、第3、第10、炮兵纵队和第17师从正面突击。25日拂晓前，第49军等部进至台安西北魏家窝棚、六间房等地时，遭到东北野战军独立第2师及第8纵队第23师的突然截击。廖耀湘判断从营口撤退的道路已被截断，遂率西进兵团改向沈阳撤退。此时，第5、第6纵队已进至厉家窝棚、二道镜子、绕阳河一线，切

断了西进兵团向沈阳的退路。26日，东北野战军在黑山、大虎山以东，绕阳河以西，无梁殿以南，魏家窝棚以北约120平方千米的地区内，对西进兵团展开大规模围歼战。至28日拂晓，全歼西进兵团5个军12个师（旅）共十万余人，其中包括号称国民党军"五大主力"的新编第1军主力和新编第6军全部，生俘廖耀湘及新6军军长李涛、第71军军长向凤武、第49军军长郑庭笈等，从而取得了辽沈战役的决定性胜利。

第三阶段，攻占沈阳、营口，解放东北全境。西进兵团被歼后，卫立煌即飞离沈阳，防务交由第8兵团司令官周福成指挥，企图坚守沈阳或伺机经营口从海上撤退。东北野战军以第1、第2纵队向沈阳急进，会同正急速南进的第12纵队和各独立师包围歼灭沈阳国民党军；以第7、第8、第9纵队及独立第2师、内蒙古军区骑兵第1师向鞍山、辽阳、海城、营口急进。担负围攻沈阳任务的各部队于31日前相继解放铁岭、本溪、新民、抚顺等沈阳外围据点。11月1日，对沈阳市区发起总攻，至2日，全歼守军第8兵团团部、2个军部、7个师等部十三万余人，沈阳宣告解放。同日，第7、第8、第9纵队等部解放营口，歼灭国民党军一万四千余人。至此，辽沈战役结束。9日，锦西、葫芦岛地区国民党军从海上撤至关内，东北全境解放。

辽沈战役历时52天，歼灭东北"剿总"及所属4个兵团部、11个军部、36个整师及地方部队计四十七万人，俘国民党军少将以上军官186名。东北野战军伤亡六万九千余人，炮兵司令员朱瑞在战役中牺牲。辽沈战役的胜利，使东北野战军成为一支强大的战略机动力量，东北解放区成为巩固的战略后方。连同这一时期全国其他战场上的胜利，使战争双方力量对比发生了根本变化，人民解放军不仅在质量上而且在数量上已占有优势，这是中国革命的成功已经迫近的标志。

淮海战役

解放战争时期，中国人民解放军在以徐州为中心，东起江苏海州（今属连云港）、西至河南商丘、北起山东临城（今薛城）、南抵淮河的广大区域内，对国民党军进行的战略决战性战役。中国人民解放战争中具有决定意义的三大战役之一。

战役前国民党军的企图和部署 1948 年秋济南战役特别是辽沈战役后，国民党军统帅部判断华东、中原野战军将在陇海（兰州—连云港）铁路东段以南发动大规模攻势，遂决定以华中"剿匪"总司令白崇禧部 2 个兵团及 4 个"绥靖"区的部队共二十三万人，防御平汉（北平—汉口）铁路南段及长江中游地区，钳制中原野战军主力。白部所属第 12 兵团加入徐州方向作

战，连同徐州"剿匪"总司令刘峙所属 4 个兵团和 3 个"绥靖"区的部队共约七十万人，分别置于津浦（天津—浦口）铁路徐州至蚌埠及其两侧地区，采取攻势防御，以确保该段交通，拱卫南京、上海，并准备必要时放弃徐州，依托淮河抗击华东野战军的进攻。其徐州地区的兵力部署如下：第 16 兵团（辖 3 个军、1 个快速纵队）由商丘移至蒙城待机；第 2 兵团（辖 4 个军、1 个快速纵队）在砀山、永城地区机动；第 4 "绥靖"区（辖 2 个军）由商丘移临淮关；第 13 兵团（辖 2 个军）由碾庄圩、炮车向灵璧、泗县转移；第 7 兵团（辖 4 个军）由新安镇（今新沂）移运河以西防御；第 9 "绥靖"区撤销，其所属第 44 军归第 7 兵团指挥；第 3 "绥靖"区（辖 2 个军）由临城、枣庄退守韩庄、台儿庄段运河；第 1 "绥靖"区（辖 3 个军）防守淮阴、扬州段运河各要点；由"剿总"直接指挥的 4 个军分别防守徐州、睢宁、五河、盱眙、蚌埠。

蒋介石仍感兵力不足，将从葫芦岛撤出的 2 个军海运浦口，11 月中旬到达蚌埠。连同战役中增调和新组建的部队，淮海地区的国民党军共 82 个师约八十万人。

人民解放军的战役决心和兵力部署 济南战役结束后，中共中央军委主席毛泽东批准了华东野战军关于举行淮海战役的建议，并于 10 月 11 日发出了《关于淮海战役的作战方针》的指示，规定第一阶段的作战重心，是歼灭位于新安镇地区的国民党军第 7 兵团，完成中间突破；第二、第三阶段寻歼海州、连云港和淮阴、淮安地区之守军。同时决定中原野战军主力攻击郑州；而后或攻开封，或直出徐州、蚌埠间，配合华东野战军作战。

据此，华东、中原野战军部署如下：华东野战军以 7 个步兵纵队附特种兵纵队主力，围歼新安镇地区之第 7 兵团；以 3 个纵队及江淮军区 2 个旅，歼灭邳县（今邳州）、官湖、炮车、运河车站之第 13 兵

华东野战军某部向淮海战役前线开进

团一部，控制运河以东阵地，阻击第13兵团东援；以3个纵队直出台儿庄、贾汪，促使国民党军第3"绥靖"区部队起义，而后直插陇海铁路，阻击徐州之国民党军东援。中原野战军4个纵队，并指挥华东野战军2个纵队和冀鲁豫军区2个独立旅寻歼商丘、砀山地区的第4"绥靖"区部队，而后直出津浦铁路，攻占宿县，切断蚌埠与徐州的联系；以2个纵队及陕南军区1个旅阻击、侧击和尾击由确山东进的第12兵团。另以冀鲁豫、江淮、豫皖苏等军区的其余部队积极破击以徐州为中心的陇海、津浦铁路，以及平汉铁路南段，并向当面的国民党军展开攻势，配合野战军作战。

11月7—9日，毛泽东根据辽沈战役后全国军事形势的重大变化和中原野战军攻占郑州、开封后继续挥师东进，正同华东野战军会合等情况，以及徐州地区的国民党军有南撤的征候，批准前线指挥员粟裕的建议，决定扩大原定的战役规模，以华东、中原两大野战军计22个步兵纵队、1个特种兵纵队及中原、华东、华北军区所属冀鲁豫军区地方部队共六十万人，求歼刘峙集团主力于徐州附近。11月16日，中共中央军委决定由中原野战军司令员刘伯承、华东野战军司令员兼政治委员陈毅、中原野战军政治委员邓小平、华东野战军代司令员兼代政治委员粟裕、华东野战军副政治委员谭震林等组成总前委，以邓小平为书记，统筹淮海前线的一切事宜。

战役经过 主要经历了三个阶段：

战役第一阶段，人民解放军歼灭第7兵团，攻占宿县（今宿州），孤立徐州。11月6日，国民党军开始收缩兵力。当晚，华东、中原野战军发起全线攻击。8日，第3"绥靖"区副司令官何基沣、张克侠率第59、第77军大部起义。山东兵团迅速通过该部防区，于10日占领大许家、曹八集等地；担任攻歼第7兵团任务的各纵队于

11日将第7兵团4个军7个师合围在碾庄圩地区，并在窑湾歼灭1个军。12日，华东野战军围歼第7兵团作战开始。攻击两日，进展不大，乃于15日调整部署，改取"先打弱敌、后打强敌、攻其首脑、乱其部署"的战法，集中兵力逐点攻歼守军。至22日黄昏，全歼第7兵团，击毙兵团司令官黄百韬。与此同时，苏北兵团指挥的3个纵队，于13日在大王集歼灭了由睢宁西逃的第107军后，进至徐州东南地区。

第7兵团被围攻期间，徐州"剿总"副总司令杜聿明率第2、第13兵团各一部共12个师，在飞机、坦克支援下，于13日开始沿陇海铁路两侧全力东援。华东野战军阻援部队坚守阵地，顽强抗击，至22日，歼国民党军近万人，将其阻于碾庄圩以西25千米的大许家、韩庄一线。

中原野战军4个纵队和华东野战军2个纵队于11月7日在张公店地区，歼灭由商丘东撤的第

4"绥靖"区1个师。15日攻占宿县，切断了徐州与蚌埠间的联系。随后，中原野战军以2个纵队在宿县西南待机；1个纵队进至固镇附近，会同地方武装阻击由蚌埠北援的国民党军第6、第8兵团（新组建，各辖3个军）。以1个纵队沿涡河、浍河布防，协同另2个纵队，阻击由确山东进的第12兵团。至22日，将第6、第8兵团和第12兵团分别阻于任桥、花庄集及河以南地区。

战役第二阶段，人民解放军歼灭第12兵团，合围杜聿明集团。第7兵团被歼后，蒋介石决定以第2、第16兵团自徐州向南，第6、第8兵团继续北进，第12兵团继续向东北攻击前进，企图南北夹击，重占宿县，恢复徐蚌间交通。

根据淮海战场的形势，中共中央军委与总前委经过多次电商后，决定围歼孤军冒进的第12兵团，部署是：以中原野战军7个纵队和华东野战军2个纵队和特级炮兵一部、地方部队1个旅，围歼第12

兵团；以华东野战军8个纵队及地方部队2个旅，位于徐州以南的夹沟、符离集地区，阻击可能由徐州南援的国民党军；以5个纵队南下固镇地区，阻击北援的第6、第8兵团，并力争歼其一部。

11月23日，国民党军第12兵团进至浍河向人民解放军攻击。下午，发觉处境不利，即向浍河以南收缩。当日黄昏，中原野战军全线出击，于25日晨将第12兵团合围在以双堆集为中心的地域内。蒋介石命令该兵团迅速向蚌埠方向突围。27日，第12兵团以4个师为第一梯队，向双堆集东南方向轮番攻击，均未得逞。突围中，第110师在师长廖运周率领下起义。29日，第12兵团转入阵地防御。中原野战军随即对其展开逐点攻击，逐步紧缩包围圈，为最后歼灭该部创造了有利条件。

与此同时，由徐州、固镇南北出击的国民党军被华东野战军阻击受挫后分别回撤。蒋介石见3路会师宿县的计划破产，于11月28日下令放弃徐州，由杜聿明率第2、第13、第16兵团经永城南下涡阳、蒙城救援第12兵团，而后共同南撤；另以刘峙率徐州"剿总"部分机关人员飞赴蚌埠，继续指挥第6、第8兵团再次北援。同时，从白崇禧部抽调一部兵力，转用于蚌埠方向。

11月30日，杜聿明率3个兵团、党政军机关和裹胁的青年学生约三十万人沿徐州至永城公路向西南撤逃。华东野战军当即以1个纵队占领徐州，以11个纵队实施平行追击、迂回拦截和尾追。12月4日，将其全部包围于陈官庄、青龙集、李石林地区，并于6日歼灭了企图突围的第16兵团，将其余2个兵团部、8个军共二十余万人压缩在以陈官庄为中心的狭小地域内。

中原、华东野战军在连日围攻第12兵团与杜聿明集团的作战中，虽给其以严重杀伤，但一时难以全歼。这时，由蚌埠北援的2个兵团正逐步向双堆集接近；从武汉方向来援的2个军已到达浦口。总前委研究并经中共中央军委批准，决心首先歼灭第12兵团，而后再集中兵力围歼杜聿明集团。为此决定华东野战军主力继续围困杜聿明集团，一部继续阻击北援的第6、第8兵团外，再抽调2个纵队参加围歼第12兵团的作战。12月13日晚，解放军向第12兵团发起总攻。至15日24时，全歼该兵团，俘兵团司令官黄维、副司令官吴绍周。16日，北援的第6、第8兵团星夜撤至淮河以南。

战役第三阶段，全歼杜聿明集团。第12兵团被歼后，杜聿明集团已面临绝境。此时，平津战役已胜利展开。为了不使平津地区国民党军迅速决策南逃，中共中央军委指示总前委，对杜聿明集团在2周内不作最后歼灭的部署。据此，华东野战军自12月16日起，一面围困杜聿明集团，一面进行休整，中原野战军主力作为战役总预备队位于宿县、蒙城、涡阳地区休整。

在休整期间，担任围困的各部队普遍进行了敌前练兵、近迫作

业和其他各项进攻准备，并对国民党军展开了强大的政治攻势。在连日大雪、气温骤降、空投减少的情况下，杜聿明集团大批士兵冻饿而死，官兵战斗士气极为低落，仅向解放军投诚者即达一万四千余人。

1949年1月初，在平津战役已取得重大胜利的情况下，华东野战军于6日对杜聿明集团发起总攻，至10日下午4时，全歼该集团，俘杜聿明，击毙第2兵团司令官邱清泉。

淮海战役期间，华北、华东、中原解放区的广大人民群众给予解放军以巨大支援，出动民工五百余万人，大小车辆88.1万辆，筹运粮食9.6亿斤，保障了解放军作战物资需要，对战役的胜利作出了重大贡献。

淮海战役历时66天，人民解放军在战场总兵力少于国民党军的情况下，把握战机，全歼国民党军1个"剿匪"总司令部、5个兵团部、22个军部、56个师共五十五万五千余人（内起义近两

万九千人）。解放了长江中、下游以北广大地区。至此，蒋介石在华东、中原战场上的主要力量和精锐部队已丧失殆尽，国民党的政治中心南京、经济中心上海及武汉等重镇，已处于人民解放军的直接威胁之下。

平津战役

中国解放战争时期，中国人民解放军东北野战军和华北军区部队将国民党军傅作义集团抑留于北平（今北京）、天津、张家口地区，予以各个歼灭的战略性决战战役。中国人民解放战争中具有决定意义的三大战役之一。

蒋介石决定暂守北平、天津的方针和部署　辽沈战役结束后，由于东北全境解放，位于北平、天津、张家口、唐山等地的国民党军傅作义集团面临着东北野战军和华北军区部队的联合打击，处境极为不利。在此形势下，蒋介石与傅作义于1948年11月初在南京商讨对策，认为国民党军在华北尚占优势，东北野战军需经3个月至半年的休整才能入关，而控制平津、支撑华北，牵制东北野战军和华北军区两支部队不使南下，对整个战局有利，遂决定暂守平津，以观时局之变。

傅作义根据上述方针，于11月中下旬调整部署，放弃承德、保定、山海关、秦皇岛等地，除归绥（今呼和浩特）、大同两个孤立地区外，将4个兵团12个军共42个师（旅）及地方部队五十余万人，部署在东起滦县、西至柴沟堡（今怀安）500千米铁路沿线。其中，以蒋系3个兵团8个军共25个师防守北平及其以东廊坊、天津、塘沽、唐山一线，以傅系1个兵团4个军共17个师（旅）防守北平及其以西怀来、宣化、张家口、柴沟堡、张北一线。这种部署反映了蒋介石和傅作义虽然决定暂守平津，但仍各有打算，即战局不利时，蒋、傅两系部队分别向南和向西撤退。

中共中央军委提出抑留并歼灭傅作义集团于华北地区的方针 中共中央军委原计划东北野战军于辽沈战役后休整1个月左右，然后入关作战。随着淮海战役的胜利发展，中共中央军委判断平津地区的蒋系部队向南撤退的可能性增大，为防止蒋系部队南撤和傅系部队西逃，利于尔后作战，中共中央军委于11月中旬令东北野战军主力立即结束休整，迅速入关，在华北军区主力协同下提前发起平津战役。为抑留并歼灭傅作义集团于华北地区，中央军委命令华北军区第1兵团停攻太原，第3兵团撤围归绥，以稳住傅作义集团，不使其感到孤立而早日撤逃；命令华北军区第3兵团首先包围张家口，切断傅作义集团西逃绥远（今属内蒙古自治区）的道路，吸引傅作义派兵西援，以便抓住傅系部队，拖住蒋系部队，为东北野战军入关作战争取

时间；命令东北野战军主力夜行晓宿，隐蔽入关，迅速隔断北平、天津、塘沽、唐山的联系，切断傅作义集团南逃的道路，以便尔后逐次围歼。

人民解放军遂行平津战役的部队有东北野战军12个军、1个铁道兵纵队和其他特种兵共八十余万人，华北军区7个纵队、1个炮兵旅共十三万余人，华北、东北军区的部分地方部队，连同驻察哈尔（今内蒙古自治区、河北省各一部）、绥远边界地区的西北野战军第8纵队，总计百万余人。中共中央决定战役由东北野战军司令员林彪、政治委员罗荣桓指挥。1949年1月10日，又决定以林彪、罗荣桓和华北军区司令员聂荣臻组成中共总前委，林彪为书记，统一领导北平、天津、张家口、唐山地区的作战和接管等一切工作。

战役经过 主要经过三个阶段。

第一阶段，完成对傅作义集团的分割包围，切断其南撤西逃的道

路。1948年11月23日，东北野战军主力开始由锦州、营口、沈阳等地出动，向平、津、塘、唐地区挺进。25日，华北军区第3兵团（辖第1、第2、第6纵队）由集宁地区东进；29日，向张家口外围国民党军发起攻击，平津战役开始。至12月2日，对张家口形成包围态势。傅作义急令其主力第35军（缺1个师）及第104军第258师分由丰台、怀来向张家口驰援；令驻昌平的第104军（缺1个师）移至怀来；驻涿县（今涿州）的第16军移至南口、昌平，以确保北平与张家口的交通。

中共中央军委鉴于吸引傅系主力西援的目的已经达成，于12月2日命令华北军区第2兵团（辖第3、第4、第8纵队）由易县、紫荆关向涿鹿、下花园疾进，切断怀来、宣化间的联系；命令东北野战军先遣兵团（辖第41、第48军）由蓟县向怀来、南口疾进，切断北平、怀来间的联系。并要求两兵团到达后，协同华北军区第3兵团抓住平

张线上的守军与援军，使其既不能西逃也不能东撤。5日，东北野战军先遣兵团在西进途中攻克密云后，继续向延庆、怀来疾进；华北军区第2兵团进至涿鹿以南待机。傅作义得知密云失守后，感到北平受到威胁，急令第35军由张家口星夜东返；令第104军主力及第16军由怀来、南口向西接应；令第94军（缺1个师）、第92、第62军由津、塘地区开往北平，加强防御。

第35军于12月6日由张家口乘车东返，9日被华北军区第2兵团包围于新保安地区。东北野战军先遣兵团10日在康庄歼灭第16军指挥所及2个师大部，11日又于横岭、白洋城地区追歼第104军军部及2个师。在此期间，宣化守军2个师弃城逃跑，华北军区第3兵团追歼其1个师，并于8日包围了张家口。

这时，东北野战军6个军已到达蓟县、玉田和丰润地区，但距平、津、塘还有数天路程，另5个军尚未入关；在淮海战场上，人民

解放军正在围歼黄维兵团，并包围了由徐州西逃的杜聿明集团。在此形势下，毛泽东于12月11日致电平津前线领导人：为不使蒋介石、傅作义下定迅速放弃平津向南逃跑的决心，在两星期内的原则是"围而不打"，如对张家口、新保安；有些则是"隔而不围"，即只作战略包围，不作战役包围，如对北平、天津等地，以待整个部署完成后，再各个歼灭之；尤其不可将南口以西诸点都打掉，以免南口以东诸点之敌狂逃。同时，令淮海战场人民解放军在歼灭黄维兵团后，留下杜聿明集团在两星期内不作最后歼灭的部署；命令山东和华北军区做好防止傅作义集团从陆路和海路南逃的准备。

根据上述指示，华北军区第2、第3兵团为防止新保安、张家口之敌突围，构筑多道阻击阵地，待命攻击；东北野战军主力向平、津、

华北军区第2兵团某部攻占新保安火车站

塘等地疾进。傅作义遂令南口、昌平、唐山和芦台等地守军分别向平、津、塘收缩，并令刚到北平的第62军返回天津。至12月15日，东北野战军第41、第42、第48军占领南口、丰台、卢沟桥，从北面和西南面包围了北平；第40、第43、第47军及华北军区第7纵队占领通县、采育镇、廊坊及黄村（今大兴），从东北面和东南面包围了北平。至20日，东北野战军第46、第45、第44军占领唐山、军粮城、咸水沽、杨柳青、杨村，切断了天津与塘沽的联系；第38、第39、第49军及特种兵部队正由宝坻、汉沽、山海关向平津疾进。

至此，人民解放军将傅作义集团全部分割包围于张家口、新保安、北平、天津、塘沽地区，封闭了其西逃和南逃的一切道路。之后，即按照中共中央军委的指示精神，采取先取两头、后取中间的战法，逐次歼灭被围的傅作义集团。

第二阶段，歼灭新保安、张家口、天津守军，使北平守军陷入绝境。1948年12月22日晨，华北军区第2兵团向新保安发起总攻，经10小时激战，全歼傅作义精锐部队第35军军部及2个师和保安部队一万六千人。张家口守军第11兵团共7个师（旅）于23日仓皇向北突围，华北军区第3兵团及东北野战军第41军随即展开堵击和追击，至24日16时将其五万四千人歼灭于张家口东北地区。

在津、塘方向，中共中央军委原计划先攻塘沽、后打天津，后根据塘沽东面靠海，其他三面为水渠、盐池，不易攻打的情况，决定集中兵力攻打天津。国民党军天津警备司令陈长捷指挥第62、第86军等部共10个师13万人自恃"大天津堡垒化"的防御体系，企图负隅顽抗。东北野战军调集第38、第39、第44、第45、第46军等部共22个师，连同特种兵总计三十四万人攻打天津。1949年1月2—13日，攻城部队肃清外围据点。14日在守军拒绝投降的情况下，采取东西对进、拦腰斩断、先分割后围歼的战法，对城垣发起总攻。经 29 小时激战，至 15 日 15 时全歼守军，俘陈长捷，解放天津。据守塘沽的国民党军第 17 兵团部及 87 军等部五万余人于 17 日乘船逃跑，东北野战军第 49 军追歼其后尾三千人。

第三阶段，傅作义率北平守军接受改编，北平和平解放。新保安、张家口、天津解放后，驻守北平的国民党军二十五万人陷入人民解放军的重重包围之中。中共中央军委为保护这一文化古城，决定争取通过谈判和平接管，同时命令部队做好攻城准备。同傅作义的谈判早在 1948 年 12 月中旬就已经开始，由于傅认为自己尚有实力，可再坚持 3 个月，以致谈判未获结果。1949 年 1 月 14 日毛泽东发表《关

人民解放军炮兵部队通过北平前门大街

于时局的声明》，提出了与国民党南京政府及其地方政府和军事集团进行和平谈判的"八项条件"。1月16日，人民解放军平津前线司令部致函傅作义，敦促其当机立断，站到人民方面。同时，中共地下党组织和爱国民主人士及傅部之开明人士亦做了有力的促进工作，傅接受了人民解放军提出的条件，并派副总司令邓宝珊到人民解放军平津前线司令部谈判，于21日达成了和平解放北平的协议。22—31日，驻北平的国民党军撤出城外，听候改编为人民解放军。1月31日，人民解放军开入北平。至此，北平和平解放，平津战役结束。

平津战役历时64天，人民解放军歼灭和改编国民党军1个"剿匪总司令部"、1个警备司令部、3个兵团部、13个军部、51个师，总计五十二万一千人，基本上解放了华北。平津战役的胜利，连同辽沈、淮海战役的胜利，使国民党丧失了三大精锐战略集团，从根本上动摇了国民党的反动统治，为解放战争在全国的胜利奠定了巩固基础。